JN236578

THE PERSONAL COLOR BOOK THE PERSONAL

自分色表現事典

あなたの〝きれい〟は配色で決まる

カラリスト
ヨシタミチコ

THE PERSONAL COLOR BOOK

発見から表現へ～

あなたは〝自分色〟を表現できていますか？

みんなが注目する〝きれい〟とはどんなものでしょうか？　たとえば誰かが最先端のファッションに身を包んでさっそうと登場しても、その人自身の髪、肌、瞳の色がファッションとマッチしていなければ、〝きれい〟とは言われません。では、〝きれい〟と言われる秘密とは、いったいどこにあるのでしょうか……？

たとえば近くにいる友達と、髪や肌の色をくらべてみてください。黒いと思っていた自分の髪が実は明るいブラウン系だったり、白いと思っていた肌が実は黄みっぽい色だったりと、色味の違いがあることに気づくはずです。

〝きれい〟への第一ステップ。それはまず、自分に似合う色〝自分色〟を発見することから始まるのです。

では、〝きれい〟のためのさらなるステップアップとは何でしょうか？　それは、配色です。色を組み合わせて表現するテクニックが、『自分色表現』の一番の決め手になるのです。もちろんそれはファッションだけではありません。インテリアや食卓、フラワーアレンジメントなど、あなたのライフスタイルすべてが『自分色表現』の舞台になるのです。

私がパーソナルカラー診断と、カラリスト入門のために「自分色発見事典」を上梓したのは12年前のことです。当時目新しかった〝カラリスト〟という仕事も、今ではしっかりと定着し、色彩のプロを目指す多くの方が、毎年カラリストスクール・ワムI・C・Iから巣立っています。これから先も、私たちの見た目を変え、心理に働く色のパワーは、ますます求められていくことでしょう。

この「自分色表現事典」が色との素敵な出逢いとなり、あなたの豊かな暮らしに役立つことを願っています。

p r o f i l e

カラリスト
ヨシタミチコ

1988年　株式会社カラースペース・ワム設立。自治省（現総務省）の「文化の街づくりレディースフォーラム」の委員を経て、街並みや衣・食・住の色彩計画を手がけている。カラリストスクール・ワムI.C.Iを主催し、東京、大阪校の卒業生は、2000名を超えている。

NHK「おしゃれ工房」「首都圏ネットワーク」などテレビ、講演、雑誌取材など多数。色彩学会代議員（社）インテリア産業協会関東甲信越支部委員（社）日本ブライダル振興会／少子化・非婚化対策委員　フラワーデコレーター協会理事長。
著書に「自分色発見事典」（祥伝社）「色彩のプロをめざすあなたに『色の仕事のすべて』」（誠文堂新光社）「ヘアカラー色彩学」（日本ヘアカラー協会共著／新美容出版社）など多数。

目次

Chapter 3

あなたの魅力を引き出す30色の配色マジック

魅力をアップするファッション・メイクテクニック

Chapter 1

色から始める自己表現

衣・食・住、そして
心と色との強い結びつき

しつらい

SHITSURAI SHITSURAI SHITSURAI

モノトーンで統一されたレストランは、洗練された大人の雰囲気。木目調の家具や、やさしい色合いで統一された空間ならば、ゆったりとリラックスした気分になれることでしょう。色はそこに居る人の心にさまざまな影響を与えます。色が持つイメージを上手に利用すれば、あなたの部屋をもっと理想的に、そして素敵に表現することができるのです。

心もよう

KOKOROMOYO KOKOROMOYO KOKOROMOYO

真っ白な画用紙に色をぬるとしたら、あなたは何色のクレヨンを選びますか？　赤、黄色、それとも紫？　色は時として、誰にも言えない心もようを映し出すことがあります。そして元気がないとき、家の中に明るい色の花を置くと前向きなパワーをもらえることも……。「元気」「癒し」「安心」。色は心にビタミンを与える、セラピストでもあるのです。

よそほい

YOSOHOI YOSOHOI YOSOHOI

ファッションやメイク、誰かに贈るプレゼントやそのラッピングに至るまで、あなたが選ぶもの装うものすべてにセンスは表れます。それが素敵に見えるかどうか……。そこに色は大きく影響しています。色の力を知ること、それはあなた自身を輝かせる方法を知るということです。あなたを、よりあなたらしく表現する色はいったいどんな色なのでしょうか？

いのち

INOCHI INOCHI INOCHI INOCHI

色とりどりの花の色。陽の光を浴びて輝く木々の緑。でも、もし花や山に色がなかったら……？　はたして同じ感動を得ることができるでしょうか。私たちが自然の美しさに心を奪われるのは、形ではなく色、という場合が圧倒的に多いはず。いのちの移り変わりとともに変化する自然の姿は、色のすばらしさを教えてくれるいちばんの教科書なのです。

column 色と香り

今日の洋服の色は何にしようかしらと、ファッションカラーで悩むことはありませんか。色を考えるとき、私たちの心理には、無意識に感情効果が働いていますから、落ち着いたグレーのスーツと明るいピンクのスーツとでは、顔の表情や足どりが違って感じられるはずです。身につける色で、陽気になったり憂うつになったりと、色は性格や心理を変えるパワーをもっているのです。

そのパワーをさらにあと押ししてくれるのが色のイメージに合った「香り」です。色と密接に結びついた香りはあなたの暮らしをより快適にしてくれます。

赤いファッションにふさわしいのは、香水にも広く使われているフローラル系の甘くエキゾチックな香りの「イランイラン」やオレンジ系の甘くフレッシュな香りの「スイートオレンジ」。ともに心を明るくし、不安や緊張をときほぐす高揚と鎮静の両面をあわせ持つ香りです。

黄色いファッションにおすすめの香りは、色からストレートに連想される「レモン」や「レモングラス」。柑橘系のさわやかな香りは、誰からも愛される親しみのある香りです。リフレッシュ効果が高く、気分転換をしたいときや集中力を高めたいときに役立ちます。

緑のファッションと結びつくのは、「カモミール」や「ベルガモット」。デリケートな甘い香りは、心身のバランスを整え、心をおだやかにときほぐしてくれるため、眠れない夜に役立ちます。鎮静の青と高揚の黄を合わせた中性色の緑にふさわしい香りです。

青いファッションとマッチするのは、鎮静効果で名高い「ラベンダー」とやる気と活力をもたらす「ローズマリー」の香り。頭をすっきりさせ、記憶力や集中力を高めます。また、小さな紫色の花をつけるラベンダーは、その花のイメージにふさわしい清潔感のある香りで、デオドラント効果にもすぐれています。

色と香り。２つのパワーを合わせ、上手に使いこなすことであなたの魅力をよりアップさせることができます。

Chapter 2

自分色を表現する色の黄金ルール

あなたの魅力を表現する色の力。
ヨシタミチコ流
カラーアンダートーンシステム®

自分自身を表現するために色のしくみを知る

色を使いこなすための第一ステップ

あなたが誰かに出会い、第一印象で「素敵だな」と思うのは、どんなときでしょうか。やはり見た目の印象が大きいのではないでしょうか。ところが目一杯おしゃれをしているつもりでも、魅力的に見える場合とチグハグな印象を与えてしまう場合があります。その理由はどこにあるのでしょうか。

本来人間は中身で判断されるべきですが、ファッションやメイク、持ち物、インテリアなど、その人を取り囲むすべてのものが〝その人自身〟を表現する重要なファクターになっています。その中で色が与える印象はとても大きく、色のバランス次第で素敵にも見え、また魅力が半減してしまうこともあるのです。色は、ときとして言葉以上に雄弁にその人自身を語ってしまうのです。

つまり、色を上手に使いこなすことは、自分自身の印象をコントロールすることにもつながります。また人と人とがコミュニケーションをする上で、有効な手段のひとつとも言えるのです。

色を自分自身の生活に上手に活かすには、まず色のしくみについて理解することが大切です。少し複雑な感じがするかもしれませんが、色の成り立ちを知っていると、自分自身のさまざまな生活シーンに役立たせることができます。効果的な配色やバランスのテクニックを取り入れ、あなた自身をより豊かに表現してみましょう。

ヨシタミチコのカラーアンダートーンシステム®(CUS)

色は、色相、明度、彩度によって作られています。その中でも、色相、明度、彩度を持ったものを有彩色、明度のみを無彩色と言います。WAMカラーアンダートーンシステム®とは、すべての色を青みが多く含まれているか、黄みが多く含まれているかによって、2つに分ける考え方です。

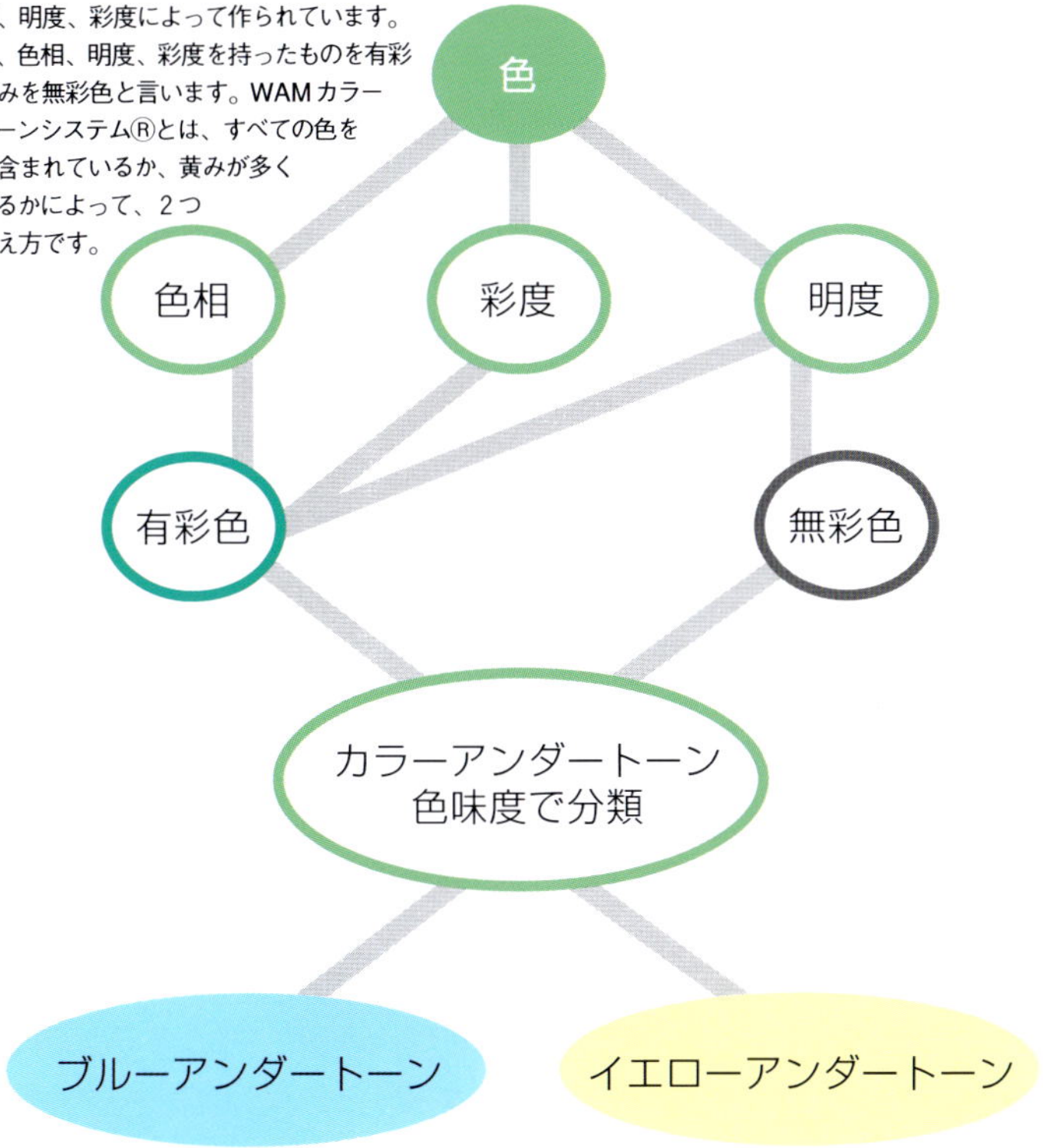

色の3属性

■色相

イメージは虹。赤、橙、黄、緑、青、紫……と、赤から紫へ徐々に変わる色みのことを色相といいます。白や黒などの無彩色に色相はありません。

■明度

色の明るさ、暗さの度合いを表しているのが「明度」です。もっとも明度が高く明るい色は白、逆にもっとも明度が低く暗い色は黒です。有彩色の中でもっとも明るい色は黄色ですが、黄色に白を少しずつ加えていくと、さらに明度の高いクリーム色になり、黒を少しずつ加えていくとカラシ色となり、明度が低くなります。

■彩度

色の強弱の度合いを表しているのが「彩度」です。色味の強い鮮やかな色(高彩度)を純色(これ以上色味が入らないくらい、密度のある色。水が一滴も含まれていない100%のジュースのイメージ)といい、この純色に色を加えていくと彩度は低くなります。「明度」は色を加えていくと高くなったり低くなったりしますが、「彩度」は色を加えるほど低くなります。

色味度

色を分類する場合、例えば暖色・寒色という分け方があります。これは暖色＝赤・橙など、寒色＝青・青緑など、色相ごとに色を区切った分け方ですが、こういった分け方とは別に、色味で色を分類する方法があります。青みを多く感じさせる色『ブルーアンダートーン』と、黄みをより多く感じさせる色『イエローアンダートーン』の２つに分けて分類する方法です。青みを感じる、黄みを感じるという心理的見え方で色を分類するので、暖色に分類される赤にもブルーアンダートーンの赤があり、寒色に分類される青にもイエローアンダートーンの青があります。ブルーアンダートーンの色どうし、イエローアンダートーンの色どうしは調和するという同一アンダートーンによる配色理論を「カラーアンダートーンシステム」®（CUS）とよんでいます。

CUS色相環
赤から紫へ。徐々に変わる色相をぐるりと輪にしたものを「色相環」といいます。

[ブルーアンダートーン]

青みをより多く含んでいるように見える色。各色相の中でもクール感を感じる色を指します。例えば、ワインレッドの赤やレモンの黄色は、ブルーアンダートーンの赤や黄色です。

[イエローアンダートーン]

黄みをより多く含んでいるように見える色。各色相の中でも、ウォーム感を感じる色を指します。例えば、鳥居の赤やひまわりの黄色は、イエローアンダートーンの赤や黄色です。

色味度による色調図

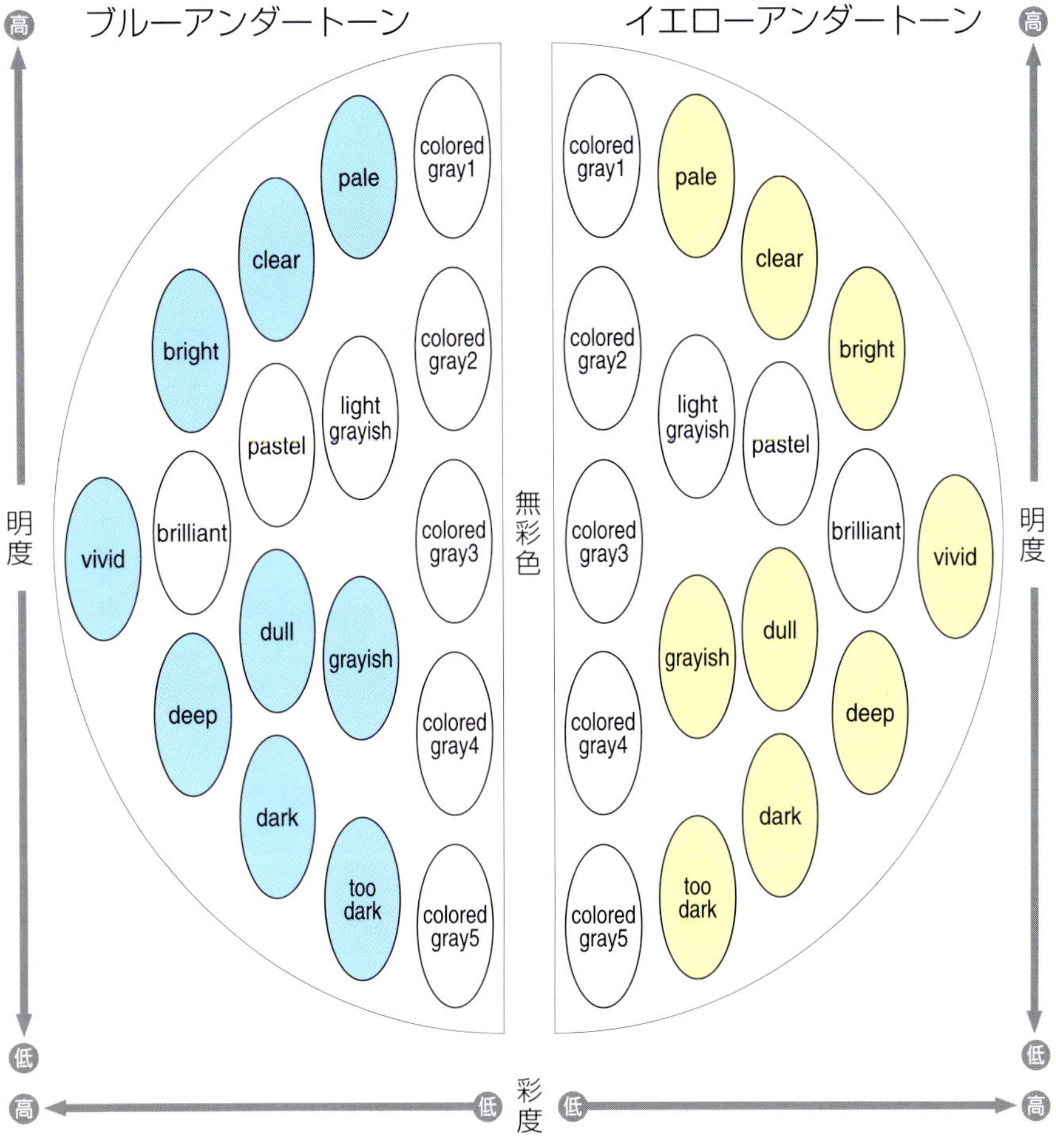

ブルーアンダートーン、イエローアンダートーン、それぞれその中にも明度の高いもの、低いものが存在します。明度の高いものは、クリア、ブライトといったイメージ、また明度の低いものは、ダーク、ディープといったイメージになります。明度は中くらいで、彩度が最も高いものは、ビビット（鮮やか）な色合いになります。明度・彩度を変化させた色調の違いで、色から受ける印象はかなり違います。

vivid（鮮やか）、bright（明るい）、deep（濃い）、clear（すっきりした）、dull（地味）、dark（暗い）、pale（優しい）、grayish（灰みの）、too dark（とても暗い）

イエローアンダートーン

黄みを多く感じさせるイエローアンダートーンのパレット

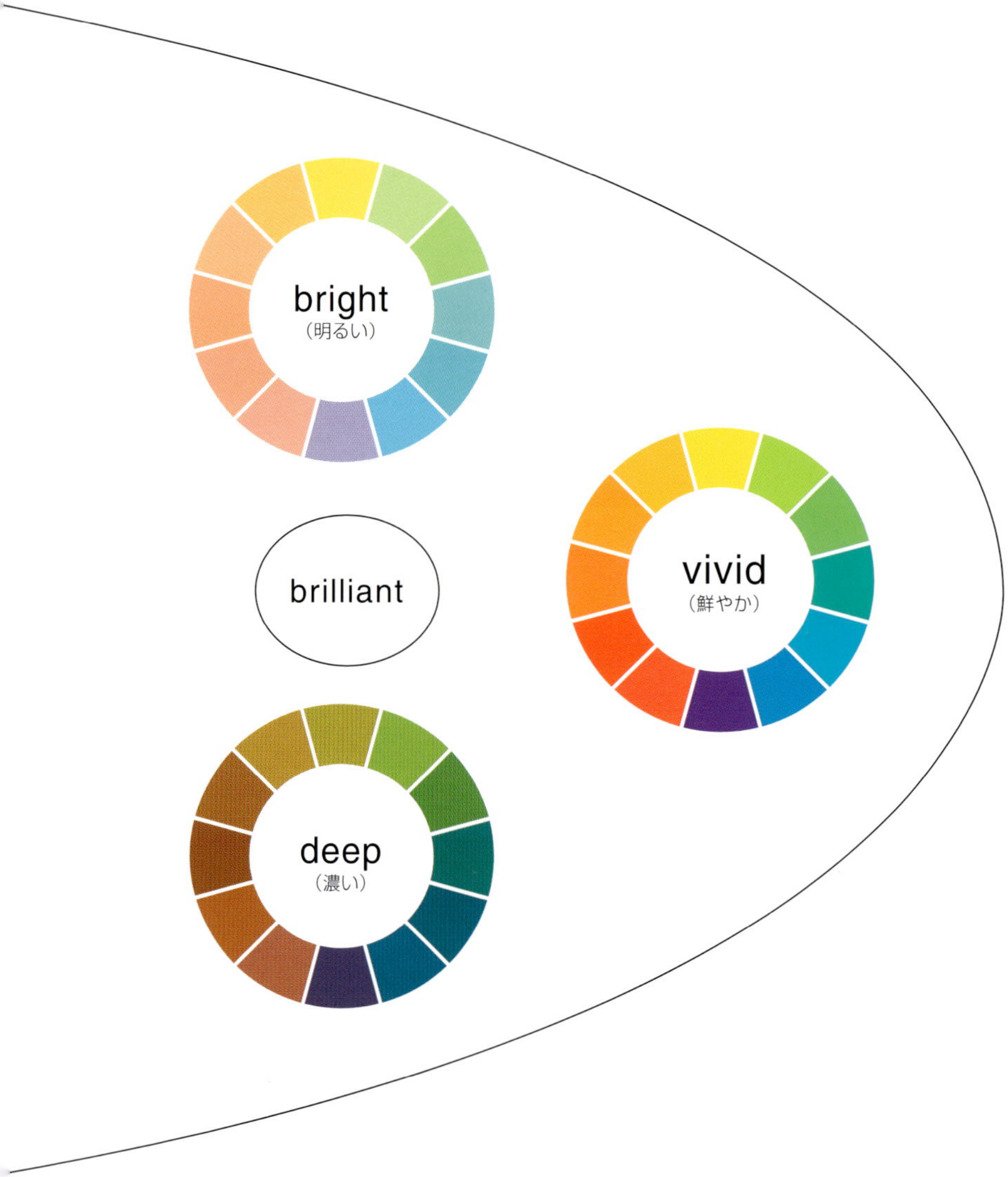

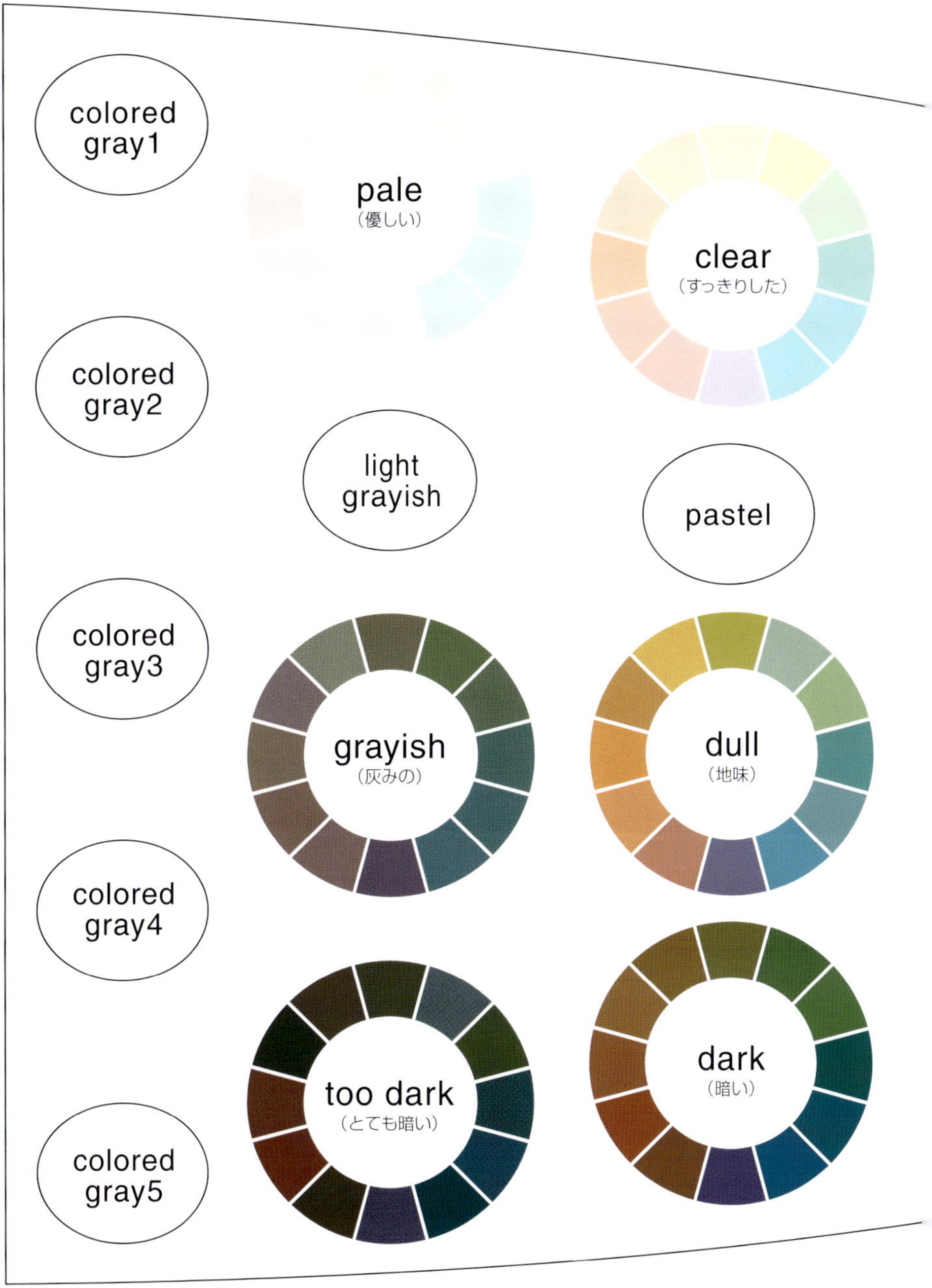
colored gray1
pale
（優しい）
clear
（すっきりした）
colored gray2
light grayish
pastel
colored gray3
grayish
（灰みの）
dull
（地味）
colored gray4
too dark
（とても暗い）
dark
（暗い）
colored gray5

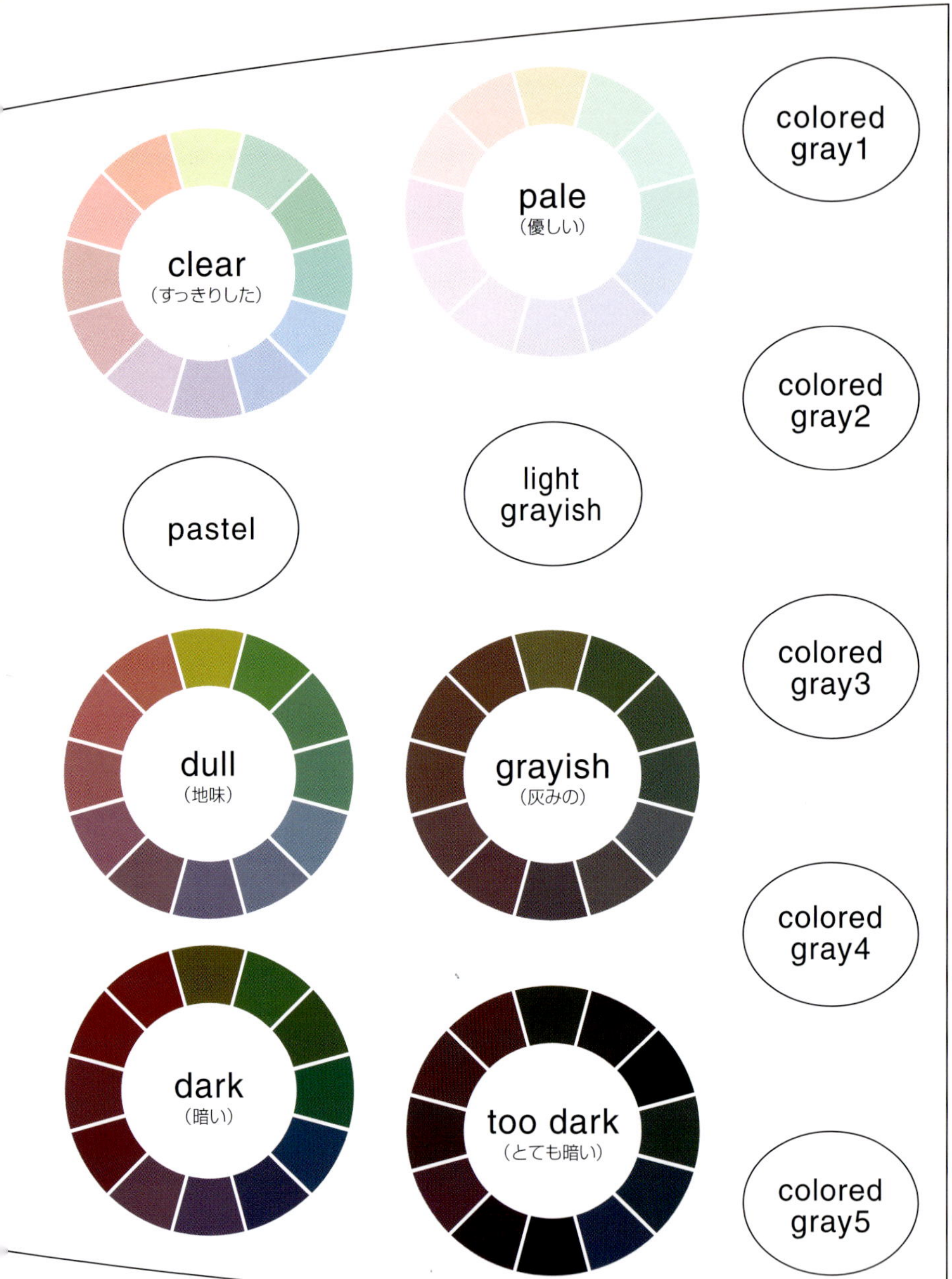
clear
（すっきりした）
pale
（優しい）
colored gray1
colored gray2
pastel
light grayish
dull
（地味）
grayish
（灰みの）
colored gray3
colored gray4
dark
（暗い）
too dark
（とても暗い）
colored gray5

ブルーアンダートーン

青みを多く感じさせるブルーアンダートーンのパレット

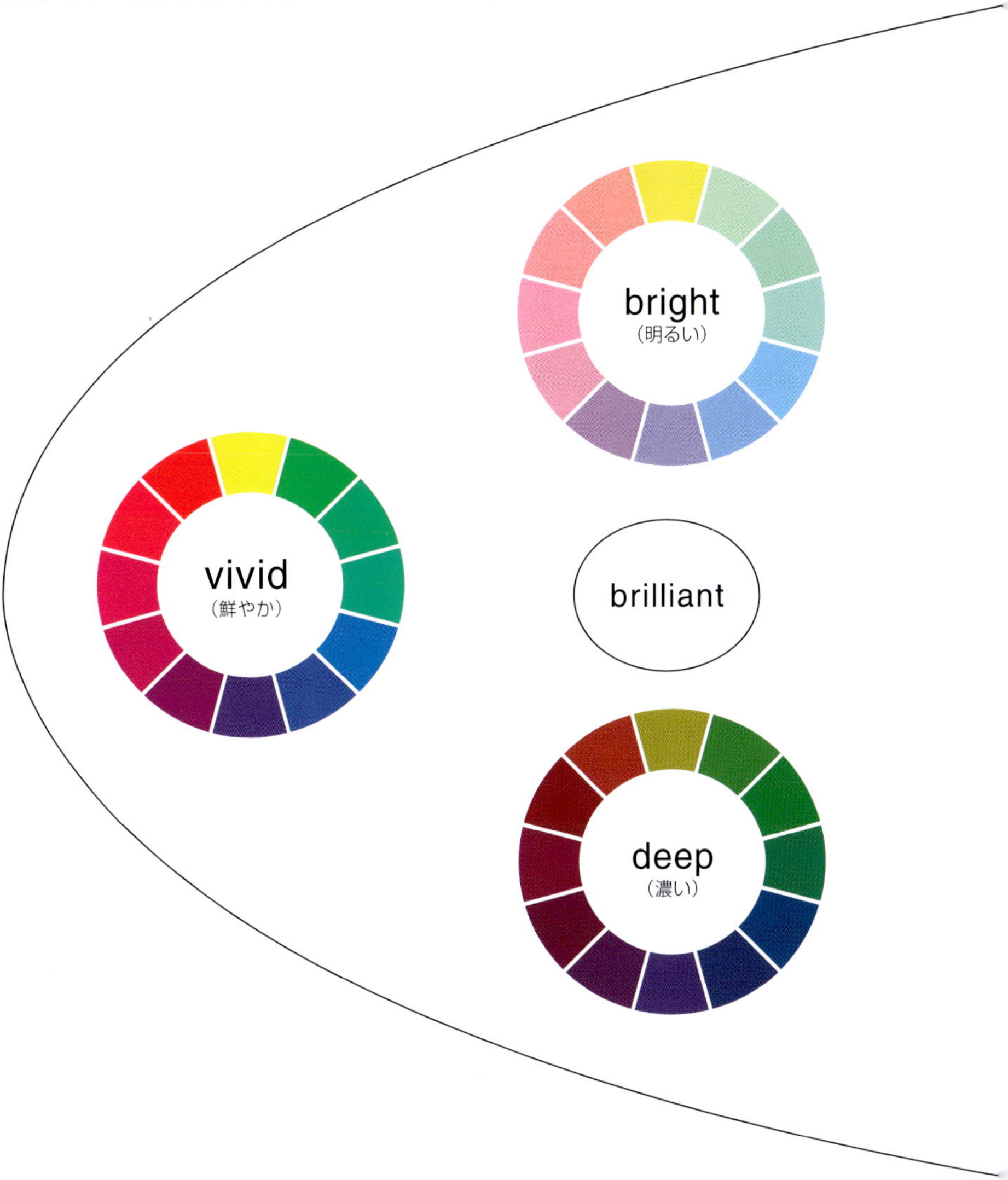

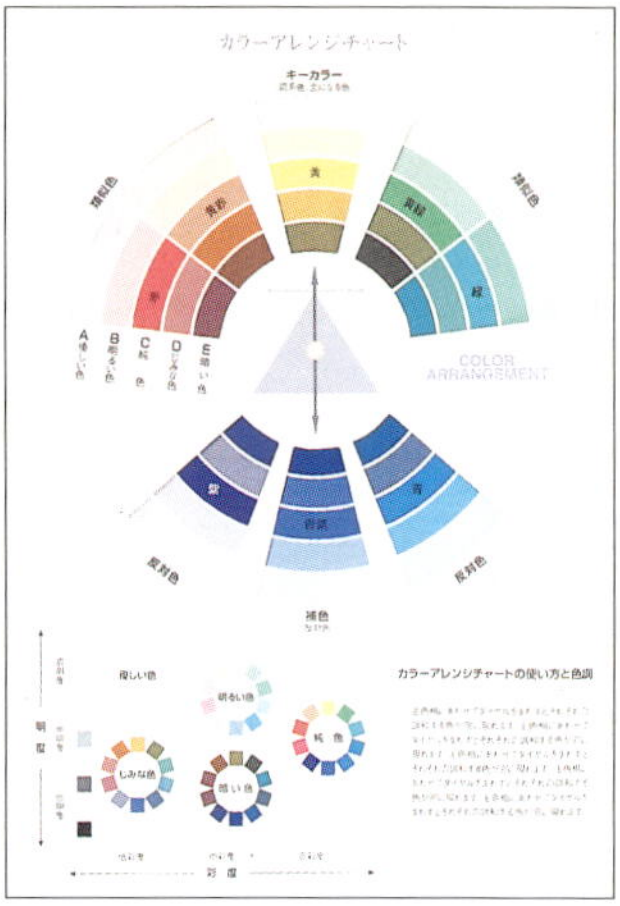

カラーアレンジチャート
色相環の主色相にダイヤルを合わせると、同系、類系、反対の配色位置を瞬時に確認することができます（特許取得）。商品についてはP.143をご参照ください。

カラーアレンジチャートで配色のルールを知る

色は、ブルーアンダートーン、イエローアンダートーンに分けられる、ということが理解できたでしょうか。では次に、同じアンダートーンの色を使って配色をしていきます。

配色をする際は、同じ系統の色(同系色相)や、似た系統の色(類系色相)、また反対の色(反対色相)などで組み合わせる配色があります。また、同じ色の調子で合わせる(同系色調)、似た系統の色調で合わせる(類系色調)、また反対の色調(反対色調)があります。

このような調和しやすい配色のルールをベースに、配色の基本を学んでいきましょう。

●カラーアレンジチャートとは

カラーアレンジチャート色相環は黄、黄緑、緑、青緑、緑青、青、青紫、紫、赤紫、赤、赤橙、黄橙の順に並んでいます。配色を考える場合、同系、類系色相や色調では穏やかな調和が、反対色相・色調では変化に富んだ組合せになります。また、色調は外側から高明度、中明度、低明度ブロックの順に並んでいます。

COLOR UNDERTONE SYSTEM

カラーアンダートーンシステム®(CUS)

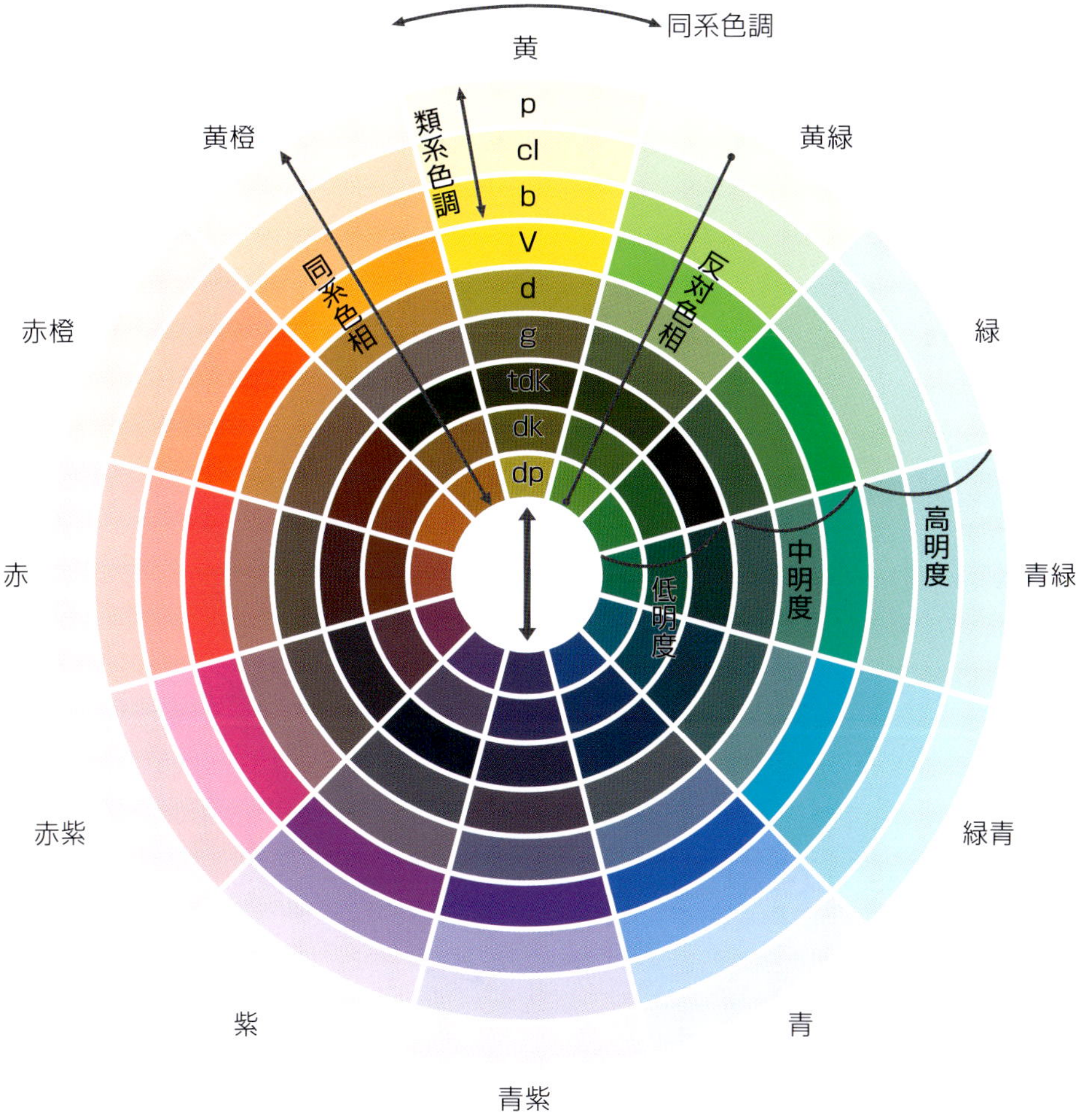

色相配色……色相を基本にした配色

■同系色相配色

同じ色相の中にあり、色の濃淡、色調で変化をつける配色です。統一感があり、穏やかなイメージになります。

ブルーアンダートーン

イエローアンダートーン

■類系色相配色

色味どうしの調和がとれるとなり合う色相。統一感があり、穏やかなイメージになります。

ブルーアンダートーン

イエローアンダートーン

■反対色相配色

色相環で、ほぼ向かい合う位置にある色どうしの組み合わせです。色の対比が強いため、刺激的でよく目立つ配色になります。

ブルーアンダートーン

イエローアンダートーン

色調配色……明度と彩度からなる、色の調子を基本にした配色

■同系色調配色　色調が同じ色どうしで組み合わせた場合、統一した色調イメージを伝える配色になります。

高明度で低彩度の配色

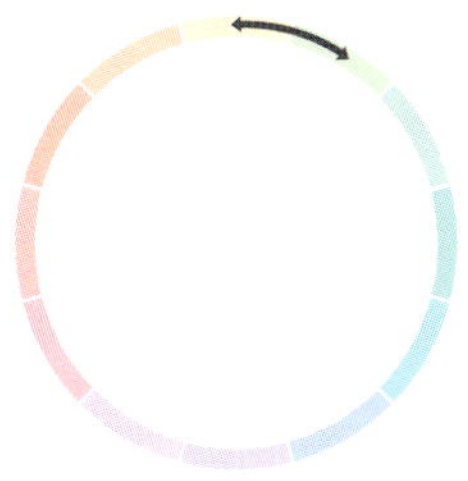

高明度で中彩度の配色

■類系色調配色　色調が近い色どうしの組み合わせは、調和と変化が表現しやすい配色になります。

高明度で低彩度と中彩度の配色

高明度で中彩度と高彩度の配色

■反対色調配色　色調が離れた位置にある色どうしの組み合わせをいいます。変化のある配色ですが、色相を同一にすると統一感が出ます。

反対明度で低彩度と高彩度の配色

反対明度で中彩度と高彩度の配色

配色をアレンジしてステップアップ

2色以上の色を並べて、新しく色の効果を生み出すことを『配色』と言います。私たちはふだん、色を単色で見るのではなく、配色として目にすることがほとんどです。配色が調和しているかしていないかで、その色が美しく見えたり、そうでなかったりします。

色彩調和の中には、前ページで説明したような、『色相配色』と『色調配色』による調和があります。この色相配色、色調配色を基本にして、次は、アクセント、コントラスト、グラデーション、セパレーション、ドミナントなどの配色のテクニックを身につけ、自分なりの色の組み合わせを工夫してみましょう。

配色を調和させる方法は大きく分けて2つあります。まずひとつ目は統一感を持たせて全体のバランスを考える配色、もうひとつは変化をつけてリズム感を演出する配色です。グラデーションやドミナントカラー、ドミナントトーンなどの色馴染みのいい配色は統一感のある配色で、アクセント、コントラスト、セパレーションなど、引き立たせる色を組み合わせた配色がリズム感のある配色になります。これらの配色テクニックは、ファッションのみならず、インテリアやフラワーアレンジなどにも応用できますので、よく理解しましょう。

■アクセント

アクセントは「強調」という意味の配色テクニックです。そのままでは平凡になってしまう配色のどこかに、１色、反対の色をわずかな面積加えることで、配色全体に変化が生まれ、引きしまった印象になります。

ブルーアンダートーン

イエローアンダートーン

■コントラスト

対照的な色どうしを組み合わせることでバランスをとるテクニックです。強い色と弱い色、明るい色と暗い色、反対色どうしといった強烈な対照感は、配色に動きをもたらします。ダイナミックに対照の面白さを出したほうが効果的。

ブルーアンダートーン

イエローアンダートーン

■グラデーション

リズミカルな色の変化でバランスをとる配色テクニックです。明度や彩度を高→低に段階的に変化させる色調のグラデーション。また色相環順で赤、黄、緑、青、紫と色を変化させる色相のグラデーションがあります。

ブルーアンダートーン

イエローアンダートーン

■セパレーション

「分離」という意味を持った配色テクニックです。となり合った色どうしが強烈すぎたり、似すぎているとバランスが崩れますが、その中間に白、黒、グレーなどの無彩色を入れることで、配色全体をすっきりと落ち着かせるテクニックです。

イエローアンダートーン

ブルーアンダートーン

■ドミナントカラー

ドミナントには「支配する」という意味があります。ドミナントカラーとは、全体をひとつの支配する色でまとめ、同じ色相で統一感を持たせるテクニック。森にはさまざまな木がありますが、ドミナントカラー「緑」でまとまっています。

イエローアンダートーン
（イエローのドミナント）

ブルーアンダートーン
（ピンクのドミナント）

■ドミナントトーン

ドミナントトーンは支配する色調で全体をまとめるテクニックです。紅葉する山には赤、黄、オレンジなど様々な色の葉がありますが、全体に調和がとれた感じがするのは、色は違っても「深みのある色調」でまとまっているからです。

イエローアンダートーン
（濃い色調のドミナント）

ブルーアンダートーン
（薄い色調のドミナント）

色の知識をもとに自分なりの配色にチャレンジ

夕焼けや朝焼けが見せる美しい空の色の変化、山の緑と枝の配色、街で目にとまるおしゃれな色合いの看板など、私たちの身のまわりには、たくさんの色があふれています。色のしくみや配色バランスの知識を得ると、これらの色使いにも不思議と目がいくようになるはずです。

色の知識は、ファッション、インテリア、フラワー、テーブルコーディネートなど、生活の中の多くのシーンで役立てることができます。

赤、黄、オレンジの組み合わせで明るく生き生きとした印象に、緑、青、紫の組み合わせですがすがしくさわやかな印象に……というように、色相でイメージを表すのもよいでしょう。

また薄い、明るい、濃い、暗いなど、色調の変化や、面積の大小で効果的な組み合わせを作り出すのもよいでしょう。逆に、紫、黄といった対照的な色で、コントラストの強い、刺激的な配色を作り出すこともできます。

やわらかい印象にまとめたい場合は薄いペールトーンで、コントラストを強くしたい場合は、はっきりとした色合いのビビットトーンでまとめるという方法もあります。

まずはいちばんの基本である、ファッションの配色からスタート。より魅力的に自分を引き立てる色を見つけ、TPO別のイメージで、様々な配色にチャレンジしてみましょう。

column

色から受けるイメージは？

色には、多くの人が共通して感じる感情効果（その色が持つ基本的なイメージ）があります。インテリアや、身のまわりの小物など、色のイメージを効果的に取り入れることによって、より快適な生活を演出することができます。

暖かさを感じる色

赤や黄、橙など暖かさを感じさせる色を暖色といいます。中でも赤は鮮やかであるほど熱の高さを感じさせます。にぎやかさ、楽しさ、親しみやすさ、また力強さも感じさせます。膨張色のため、やや大きめに見えます。

冷たさを感じる色

青緑や青など、冷たさを感じさせる色を寒色といいます。涼しさ、寒さを感じさせ、落ち着きや冷静さをもたらす作用もあります。寒色系の色は遠くにあるように見え、また淡い色は広さを演出する効果もあります。

強さを感じる色

彩度の高い純色の赤、黄、青などは、個性の強さや激しさを感じさせます。強い感情を表現するとき、目立たせたいとき、人をひきつけたいときに効果的。暖色系の場合は、食欲を感じさせる効果もあります。

弱さを感じさせる色

色は、白や灰色を加えると印象が淡くなり、薄くやさしいパステル調の色になります。またおとなしさや弱さ、安らぎを感じさせます。やわらかさを表現したいときには効果的ですが、個性が弱くなることもあります。

重く感じる色

色は、黒を加えていくほど暗くなり、重さ、硬さ、頑固さを感じさせるようになります。また暗い色は、重厚で高級なイメージも持っています。クールでモダン、高級でフォーマルな雰囲気を演出したい場合に適しています。

軽く感じる色

暖色、寒色ともに明るい色は軽い印象を与えます。広く大きく見える膨張色でもあります。重たい荷物が入った箱でも、淡いピンクやライトブルーなどの色にすると運ぶ人の疲れが軽減する、という実験結果も出ています。

3
Chapter

あなたの魅力を引き出す30色の配色マジック

あなたに似合う30色を上手に
使いこなして魅力アップ。
ファッション・メイクテクニック

「自分色」にみちびく４つのパーソナルシーズン

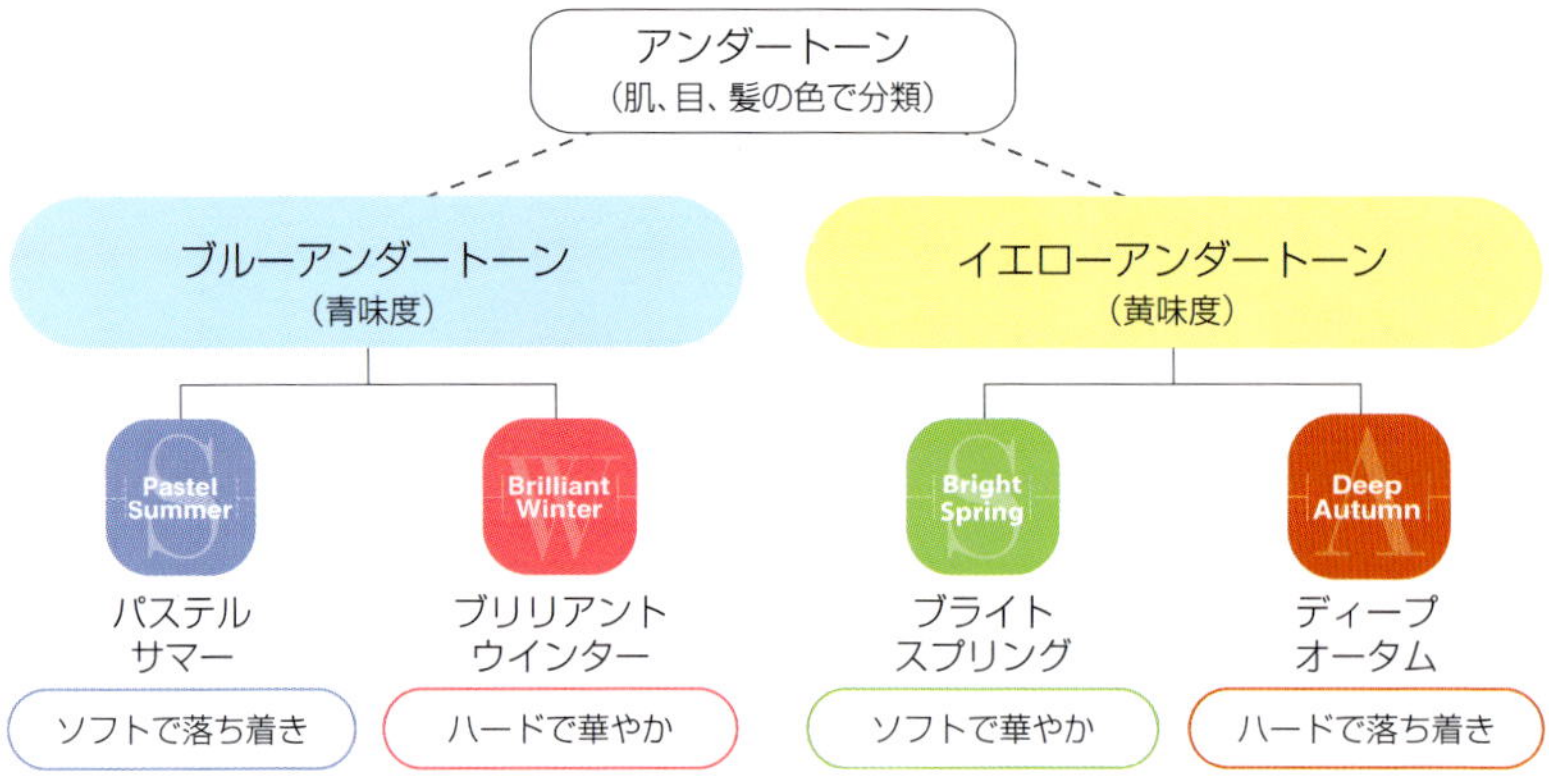

似合う色を生活に取り入れてセンスアップ

人はそれぞれ、肌の色、目の色、髪の色が違います。その微妙な色の違いによって、似合う色も違ってきます。色を生活に上手に取り入れるためには、まず自分自身にもっとも似合う色「自分色」（パーソナルカラー）を発見することから始めましょう。

パーソナルカラーを探り出すためには2つの診断を行います。最初の診断では、あなたが持っている基本の色（肌、目、髪など）がブルーアンダートーンかイエローアンダートーンかを判断します。次の診断では、さらに同じアンダートーンの中でも、色相、明度、彩度を細かく分析して、「パステルサマー」「ブリリアントウインター」「ブライトスプリング」「ディープオータム」のパーソナルシーズンのうち、どれに当てはまるかを判断します。

そうしてみちびき出される4つのパーソナルシーズンは、色相、色調（明度・彩度）、効果的な配色など、それぞれ特徴の違いがあります（39ページ参照）。それらを理解することで、パーソナルカラーとの付き合い方はより深くなり、巧みな自己表現が可能になるのです。

では、さっそく診断を行ってみましょう。そして、発見した「自分色」を生活シーンに活かして、あなたらしさを表現してみましょう。

4つのパーソナルシーズンの特徴

	アンダートーン	色　相	色調（明度・彩度）	効果的な配色
■パステルサマー	ブルーアンダートーン	色相に少しブルーやグレーを加えたような、優しくて上品な色が中心。ブルー系のバリエーションが多く、オレンジ系、イエロー系は少ない	全体的にバリエーションにとんでいるが、中でも中明度で低・中彩度	ソフトなグラデーション配色
■ブリリアントウインター	ブルーアンダートーン	ピュアホワイト、ブラック、グレーのモノトーン系がある。オレンジ系の色がなく、イエロー系も少ない	中明度で高彩度 高明度で低彩度	強いコントラスト配色 アクセントを付ける
■ブライトスプリング	イエローアンダートーン	ブラックを除き、有彩色の色相バリエーションが多い	高明度で中・高彩度	明るい色の多色配色
■ディープオータム	イエローアンダートーン	オレンジ、グリーン系の色が多く、グレー系、ブルー系、ピンク系の色は少ない	低・中明度で彩度は低から中、高までバリエーションに富んでいる	深い色合いに、強い色でアクセントを付ける

4つのパーソナルシーズンの色調

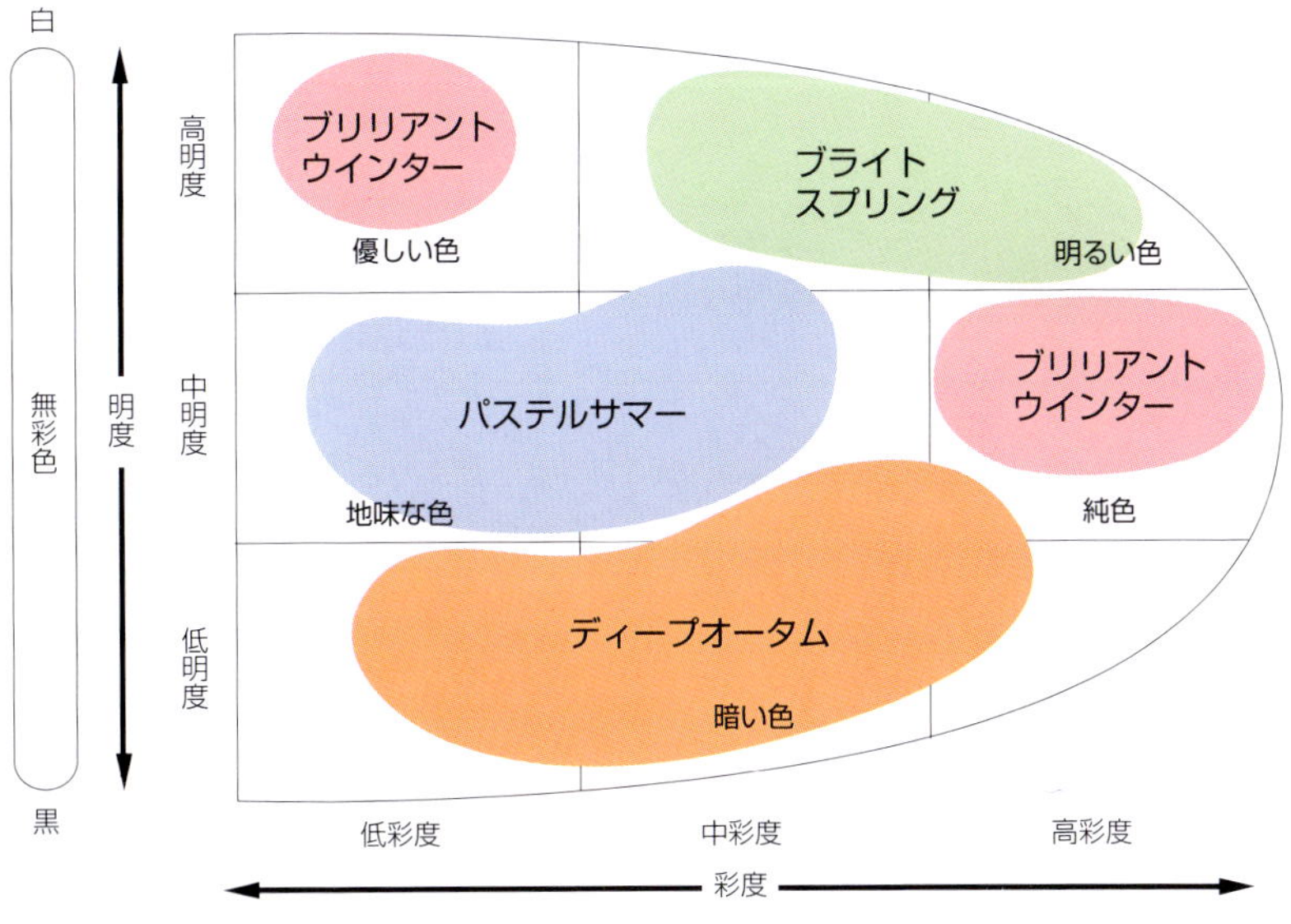

あなたのアンダートーンを見つけましょう

Step 1

パーソナルカラーを知るためには、まず、あなたの肌、目、髪の色などをチェックして、ブルーアンダートーンかイエローアンダートーンかを判断します。アンダートーンを知ることは自分色発見の第一歩になります。

次のページのQ1～Q5の質問に対して、あなた自身がいちばん近いと思う色をA～Dの中から選び、『チェックリスト1』にマルをつけてください。（チェックの際には下記の「診断するときの注意」を守ってください）

チェックが終わったらマルを1つ1点として、A＋Bの合計、C＋Dの合計をそれぞれ計算しましょう。その結果、

●A＋Bの合計がC＋Dの合計より多い人は
……ブルーアンダートーン
●C＋Dの合計がA＋Bの合計より多い人は
……イエローアンダートーン

となります。

これであなたのアンダートーンがわかりましたね。このアンダートーンはあなたの装いにとって大切なことなので、よく覚えておいてください。

※診断は女性だけでなく男性もできます。

診断するにあたっての注意

●**チェックリストの色について**…印刷されている色は、実際の色よりも濃く印刷されています。あなたの瞳や髪がどの色と同じかを判断するのではなく、どの色にいちばん近いかを判断してください。

●**場所について**…必ず直射日光の当たらない昼間の自然光のもとでチェックしてください。特に蛍光灯の下では全体に青白くなり違った結果になることもあります。

●**肌・髪色の確認について**…肌色の確認は、必ずノーメイクで、白いキャップなどで髪をおおってチェックしましょう。ヘアカラーをしている場合は、本来の色味が何色であるかを確認しましょう。

●**服装について**…着ている服の色で判断が変わることがあるので、白い布で上半身をおおうか、白い服を着てチェックしましょう。

●**体調について**…体調が悪いと肌の色に大きな影響を与えるので、日を改めてチェックしてください。

●**チェック精度の向上のために**…白い紙や壁を背景にして、友だち数名でお互いを比較しながらチェックしましょう。自分の肌色が分からないときは、胸元や二の腕、日に焼けていない部分で確認してください。

カラーアンダートーンチェック

		A	B	C	D
Q1 あなたの髪の色は、A～Dのどの色にいちばん近いと思いますか？		明るくてソフトなブラウンか、上のようなダークローズブラウン	暗くてハードなブラウンか、上のような真っ黒	明るいブラウン	ダークブラウン
Q2 あなたの目の色は、A～Dのどの色にいちばん近いと思いますか？		ダークローズブラウン	真っ黒か上のようなダークブラウン	ガラスのように透き通った明るい茶色	緑みを感じる深いダークブラウン
Q3 あなたの肌の色は、A～Dのどの色にいちばん近いと思いますか？	色白	ローズベージュ	ブルーみのベージュ	イエローベージュ	ゴールドベージュ
	色黒	ソフトブラウン	明るめのダークブラウン	ソフトベージュ	オークル系のブラウン
Q4 あなたの頬の色は、A～Dのどの色にいちばん近いと思いますか？		ブルーみのピンク	ローズ系	イエローみのピンク	ブラウン系のオレンジ
Q5 中指の爪の下を強く押さえたときに出る赤みは、A～Dのどの色にいちばん近いと思いますか？		ブルーみの赤	ブルーみの深く濃い赤	ピーチピンク	イエローみの赤

チェックリスト1

		A	B	C	D
Q1					○
Q2					○
Q3	色白				
	色黒				○
Q4					○
Q5			○		
合計		A＋B=	1 点	C＋D=	4 点

あなたのパーソナルシーズンカラーを見つけましょう

Step 2

前のページでは、あなたのアンダートーンがブルーアンダートーンかイエローアンダートーンかをチェックしました。2つのアンダートーンはさらに4つのパーソナルシーズン（パステルサマー、ブリリアントウインター、ブライトスプリング、ディープオータム）に分類することができます。

ステップ2では、あなたの好きな色をチェックすることで、ファッションコーディネートには欠かせない、あなたにとって大切なパーソナルシーズンを探り出しましょう。

次のページの28種類の色を見てください。同じ赤や青でも4種類のニュアンスの違う色が並んでいます。その中で、あなたが心を惹かれ、触ってみたくなる色はどれですか？　レッド系から1つ、グリーン系から1つというように、7つの色相から1つずつ選んで『チェックリスト2』にマルを記入してください。ただし、ステップ1でわかったあなたのアンダートーンのグループ（ブルーアンダートーン＝A・B　イエローアンダートーン＝C・D）から選んでください。

結果診断

Aの点数がいちばん多い………パステルサマー

Bの点数がいちばん多い………ブリリアントウインター

Cの点数がいちばん多い………ブライトスプリング

Dの点数がいちばん多い………ディープオータム

あなたはどのタイプになりましたか？

パーソナルシーズンカラーチェック

トーン／系統	あなた自身のアンダートーン			
	ブルーアンダートーン		イエローアンダートーン	
	A	B	C	D
レッド系				
グリーン系				
イエロー系				
ブルー系				
ピンク系				
グレー/ブラウン系				
パープル系				

チェックリスト2

トーン／系統	ブルーアンダートーン		イエローアンダートーン	
	A	B	C	D
レッド系			○	
グリーン系			○	
イエロー系			○	
ブルー系			○	
ピンク系				○
グレー/ブラウン系			○	
パープル系			○	

自分に似合うファッションがわかる「イメージワード」とは

４つのパーソナルシーズンには、それぞれ４つのイメージワードがあります。イメージワードは、各パーソナルシーズンにあてはまる人にもっとも似合うファッションのタイプを表しているので、装いの参考にしましょう。

パステルサマーのイメージワード

●エレガント・クラシック・シンプル・ロマンティック

パステルサマーの人はこの４つのタイプの装いならどれも似合いますが、なかでも基本のイメージワードは「エレガント」。どの装いをしていても、どこかにソフトで落ち着きのある雰囲気が漂います。

ブリリアントウインターのイメージワード

●ドラマティック・フォーマル・ダンディ・モダン

ブリリアントウインターの人はこの４つのタイプの装いならどれも似合いますが、なかでも基本のイメージワードは「ドラマティック」。どの装いをしていても、どこかにハードで華やかな雰囲気が漂います。

ブライトスプリングのイメージワード

●プリティ・アクティブ・カジュアル・キュート

ブライトスプリングの人はこの４つのタイプの装いならどれも似合いますが、なかでも基本のイメージワードは「プリティ」。どの装いをしていても、どこ

		基本スタイル	ビジネスシーン	アウトドアシーン	パーティシーン
ブルーアンダートーン	パステルサマー	エレガント	クラシック	シンプル	ロマンティック
	ブリリアントウインター	ドラマティック	フォーマル	ダンディ	モダン
イエローアンダートーン	ブライトスプリング	プリティ	アクティブ	カジュアル	キュート
	ディープオータム	ナチュラル	シック	スポーティ	ゴージャス

かにソフトで華やかな雰囲気が漂います。

ディープオータムのイメージワード

●ナチュラル・シック・スポーティ・ゴージャス

ディープオータムの人はこの4つのタイプの装いならどれも似合いますが、なかでも基本のイメージワードは「ナチュラル」。どの装いをしていても、どこかにハードで落ち着いた雰囲気が漂います。

P.46からのアドバイスでは、基本スタイル以外に、ビジネス、アウトドア、パーティ、などTPOに分けて、シーズンカラーを活かした装いを提案します。

【基本スタイル】各パーソナルシーズンの特徴的なファッションスタイル。

【ビジネスシーン】職場や商談の場所での装いで大切なのは、落ち着いてしっかりとした印象を与えること。洋服は基本的にはスーツで、色はブルー系やグレー、ブラウンなどを中心に考えましょう。

【アウトドアシーン】休日に外へ出かけるときは、ふだんよりくだけた動きやすい装いが、心をより開放的にしてくれます。全体に明るく楽しい色使いが適しています。

【パーティシーン】晴れやかな場にのぞむとき、また、音楽会など人の集まる場所へはいつもに増して魅力的に見える装いで出かけましょう。

Pastel Summer

パステルサマー

パステルサマーの人は優しくてエレガントなパステルカラーが似合う

パステルサマーの人は上品な印象があるので、優しいパステルカラーが似合います。

白はブルーがかったソフトな白、グレーはブルーグレー、ベージュはピンクがかったローズベージュ、茶色もピンクがかったココアやローズブラウン、黄色は明るくソフトなレモンイエロー、赤はブルーが入った優しい赤、ピンクは涼しげなピンク、緑はブルーグリーン、青はグレーがかった青、紫もグレーがかった紫がよいでしょう。ブルー系はよく似合いますが、オレンジ系はあまり似合いません。

性格的には、常に冷静でにこやかにしているので、信頼が厚いでしょう。逆に、頼まれるとイヤと言えない面が、優柔不断で自主性に欠けるととられることもあります。

■ パステルサマーの基本パレット

su1.ソフトホワイト	su2.ローズベージュ	su3.ココア	su4.ローズブラウン	su5.ライトブルーグレー	su6.チャコールブルーグレー
su7.グレードネービー	su8.グレーブルー	su9.パウダーブルー	su10.スカイブルー	su11.ミディアムブルー	su12.ペリウィンクル
su13.パステルアクア	su14.パステルブルーグリーン	su15.ミディアムブルーグリーン	su16.ディープブルーグリーン	su17.ライトレモンイエロー	su18.パウダーピンク
su19.パステルピンク	su20.ローズピンク	su21.ローズ	su22.ウォーターメロン	su23.ミディアムブルーレッド	su24.バーガンディ
su25.ラベンダー	su26.オーキッド	su27.モーブ	su28.ラズベリー	su29.ソフトフクシャ	su30.プラム

Pastel Summer

ファッション Fashion

基本スタイル

>> イメージワード **エレガント** Elegant

基本的なファッションのイメージワードは「エレガント」。フェミニンで上品な装いがあなたを輝かせます。洗練された色使いのスーツに、透け感のあるロングスカーフを巻くなど、きちんとした中に優しい雰囲気を演出するとよいでしょう。

［イラストの配色］

su18.　su25.

優しいパウダーピンクのワンピースに透け感のある上着を組み合わせた類系色相の配色。革のピンヒールが上品な印象を引き立てます。

1

su12.su1.su8.

2

su6.su5.su24.

1.ハードな印象のネービーカラーも、ペリウィンクルを組み合わせると上品で優しい印象になります。2.バーガンディとグレーのシックな装いは、知的なエレガントさをひときわ演出します。

ステップアップヒント

シルクやアンゴラウールなど、ソフトで上品なイメージを持つ素材を選ぶとよいでしょう。柄は曲線模様にするなど、流れるような雰囲気を持たせると、あなたをより引き立てます。

Pastel Summer

ビジネスシーン

>> イメージワード **クラシック** Classic

ビジネスシーンでの装いは、「クラシック」がイメージワードです。基本カラーはブルー系やグレー系がよく似合い、デザインはあまり飾りの多いものや体の線を強調するものではなく、ベーシックで上品なスタイリングを心がけましょう。

［イラストの配色］

su5.　su2.　su7.

細めのストライプがスーツとシャツに表情をつけています。ベルト、ケリーバッグ、パンプスの色で全体の印象をひきしめましょう。

1

su28.su2.su3.

2

su14.su6.su7.

1.茶系のビジネスウェアならココアを選び、ラズベリーをアクセントに加えると、華やかで上品な印象に。
2.グレーやネービーにはパステルカラーを上手に合わせ、クラシカルな雰囲気に明るさを加えましょう。

ステップアップヒント

華美ではなく、実用的できちんとした装いがおすすめなので、柄はピンストライプや千鳥格子がピッタリ。ストッキングは、イエローの色調は避けたほうがよいでしょう。

ファッションFashion

Pastel Summer

アウトドアシーン

>> イメージワード **シンプル** Simple

アウトドアを楽しむときは「シンプル」なコーディネートを心がけて。飾り気のない雰囲気があなたの魅力を一層引き立てます。ジーンズが最も似合うのがパステルサマーの人ですが、ジャケットやインナーで女性らしさを演出して。

［イラストの配色］

su8.　su13.　su19.

ウォーキングシューズもふくめ、パステルサマーに多いブルーの濃淡でコーディネート。Tシャツのパステルピンクのラインがアクセントです。

1

su16.su17.su10.

2

su9.su21.su3.

1.ライトレモンイエローとブルーの組み合わせは、若々しさを感じさせる爽やかな配色です。2.落ち着いたブラウンに赤をプラスすることで、よりエネルギッシュなイメージが演出できます。

ステップアップヒント

夏ならコットンやジャージー、ポリエステル、冬ならウールのニットなど、素朴な素材が似合うでしょう。柄は、ストライプや水玉などの定番模様がピッタリです。

Pastel Summer

ファッションFashion

パーティシーン

>> イメージワード **ロマンティック** Romantic

パーティでの装いは「ロマンティック」がキーワード。上品なレース使いのトップスや、柔らかな素材のヘムラインのスカート、マーメードラインのデザインもよく似合います。色はピンク系やラベンダー系の同系色でまとめると素敵。

［イラストの配色］

su18.　su19.　su26.

涼しげなピンクから甘いピンクまで、色調を変化させて統一感のなかに濃淡でコントラストをつけています。素材を生かしたパーティカラーです。

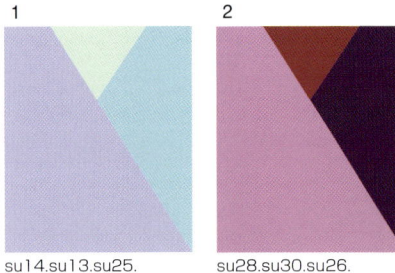

1

su14.su13.su25.

2

su28.su30.su26.

1.ラベンダーとブルーの組み合わせは、みずみずしく、とてもさわやかな色相のグラデーション。2.ピンク系のパーティウェアにプラムやラズベリーを加えると、さらにあでやかな印象を演出できます。

ステップアップヒント

甘い雰囲気が似合うので、シルクやベルベッド、クレープ、サテンなどの柔らかな素材を選びましょう。コートや毛皮は、ソフトホワイトやネービー、シルバーがおすすめ。

Pastel Summer

ファッションFashion

アクセサリー小物

エレガントで上品なイメージのあるあなたは、大ぶりなアクセサリーを避け、小さめで高品質なものを身につける一点豪華主義が印象をより強くしてくれます。プラチナやパール、柔らかな革を使用したもの、靴ならピンヒールが似合うでしょう。

●ビジネスシーン

クラシック　Classic

飾り気のないプラチナネックレスや小さいイヤリング、シルバーを基調とした時計など、あくまでシンプルを心がけて。バッグはケリータイプ、靴はプレーンなパンプスなど、オーソドックスなデザインを。

●基本スタイル

エレガント　Elegant

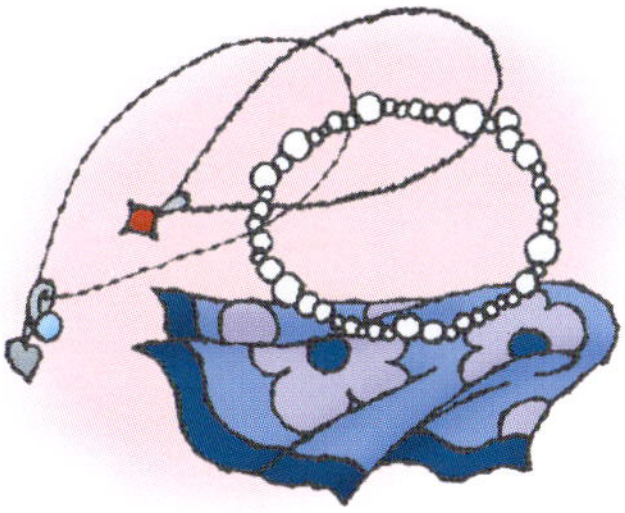

ネックレスならパールやサファイア、ガーネット、アクアマリンなど、基本パレットにある色のものを。スカーフはシルクやジョーゼット、シフォンのものを選ぶと、エレガントさがさらに引き立ちます。

●パーティシーン

ロマンティック　Romantic

パールのネックレスやイヤリング、繊細なビーズ、シルバーのアクセサリー小物がピッタリです。靴は、細めのピンヒールや、リボンなどのかわいらしいモチーフがついたものを選ぶとよいでしょう。

●アウトドシーン

シンプル　Simple

パステル調のインディアンジュエリーなどで、遊び心を楽しみましょう。バッグはメッシュタイプのナイロンバッグ、靴はフラットシューズやウォーキングシューズなど、シンプルなものが似合います。

メイクアップ Make-up

ファンデーション

>> Foundation

パステルサマーの人は、肌がローズベージュか明るめのダークローズベージュ、色白でピンクがかっている人が多いのが特徴です。黄みの少ないローズベージュ系で、肌色の明度に合わせたものを選びましょう。

ローズベージュ

ルージュ・ネイルカラー

>> Rouge& Nail Color

ルージュ、ネイルともに、頬の赤みに合わせるとよいでしょう。パステルサマーの人の唇はローズ、またはピンク色。もともと優しいピンク色が似合うので、ローズピンクがおすすめです。

su20.ローズピンク　su18.パウダーピンク　su27.モーブ　su28.ラズベリー　su21.ローズ

パステルサマーの人は基本イメージの「エレガント」を心がけ、メイクはコントラストを避けて、穏やかな色調にまとめることがポイントです。アイメイクは、ブルー系、パープル系、ローズやピンク系のグラデーションが似合います。

>> Eye Shadow　アイシャドウ

瞳の色がダークブラウンやダークローズブラウンなど、
全体にソフトな印象があるので、明るく優しいブルーが似合います。
洋服に合わせ、パープルやピンク系のグラデーションをつけても素敵。

su10.スカイブルー　su9.パウダーブルー　su25.ラベンダー　SU27.モーブ

>> Cheek Color　チークカラー

頬は青みがかったうすいピンク色をしているので、
モーブがよく似合います。その他にも、
ローズピンクやローズ、パールの入ったものも華やかになります。

su27.モーブ　su20.ローズピンク　su21.ローズ

Pastel Summer

ヘアカラー Hair Color

パステルサマーの人の髪の色は、ツヤはあまり感じられない黒ですが、風になびくような軽さと柔らかさがあります。ヘアカラーは瞳の色と調和するソフトブラックやダークブラウンを。イエローアンダートーンの茶系は似合わないので、ココアやローズブラウンを参考にしましょう。アクセントカラーには赤紫系がおすすめです。

ベーシックカラー
>> Basic Color

su3.ココア　su4.ローズブラウン　su6.チャコールブルーグレー

アクセントカラー
>> Accent Color

su28.
ラズベリー

su30.
プラム

パステルサマーのトータルイメージ
>> Total Image

ヘアカラー　su4.ローズブラウン

アイシャドウ　su10.スカイブルー

チーク　su27.モーブ

ルージュ　su20.ローズピンク

ブルー系やモーブで「エレガント」を心がけて、
穏やかでやさしい印象に。

「パステルサマー」以外の色との組み合わせ

自分のパーソナルカラー以外の色も、配色のポイントを押さえてひと工夫すれば、幅広い魅力的なコーディネートを楽しむことができます。

su9.su8.w9.

su25.su27.w4.

ブリリアントウインターの色と合わせる

基本的にはアンダートーンが同じなのでコーディネートはしやすいのですが、マゼンタやホットターコイズのような鮮やかな色は難しいでしょう。無彩色やブルー系の色を選んで、パステルサマーの色とコーディネートしましょう。スーツならウールデシンやテンセルのような柔らかい素材を選び、ソフトな印象になるように工夫しましょう。

su17.su5.sp14.

su25.su11.sp26

ブライトスプリングの色と合わせる

ブライトスプリングのカラーパレットの中でもオレンジの色みが強い色や鮮やかな色は、やさしくエレガントなパステルサマーのよさを損ねてしまいます。お得意のグレー系のスーツやジャケットに、アプリコット、アイボリーのような淡い色、ダークペリウィンクルやミディアムバイオレットなどのインナーやボトムであれば、清潔感が演出できます。

su2.su10.a6

su30.su28.a5

ディープオータムの色と合わせる

パステルサマーのカラーパレットの中でもココアやローズブラウンのように茶系の色であればディープオータムカラーとコーディネートしやすいでしょう。ただし、オレンジの色みが強い色は要注意。どうしても用いたい場合はボトムに持ってくるのが無難です。グリーン系や茶系の類系色で配色を工夫してみましょう。

Brilliant Winter

ブリリアントウインター

ブリリアントウインターの人はクッキリと鮮やかで個性的な色が似合う

ブリリアントウインターの人は、個性的でインパクトがあるので、ハッとするような鮮やかな色が似合います。

白なら純白、グレーもピュアなグレー、ベージュはグレーベージュ、黄色は鮮やかなレモンイエロー、赤も鮮やかな真紅、ピンクは青みが強いピンク、青はインパクトの強い青、緑はブルーみのグリーン、紫はブルーがかった紫がよいでしょう。イエローの入った暖かみのあるブラウンやオレンジ系は似合いませんが、その分、ピンクのバリエーションで着こなしを楽しみましょう。

性格は繊細で他人の行動が気になるという面もありますが、ルールや習慣に縛られず、決断力や独立心が豊かな人が多いでしょう。

■ ブリリアントウインターの基本パレット

w1.ピュアーホワイト	w2.ライトトゥルーグレー	w3.ミディアムトゥルーグレー	w4.チャコールグレー	w5.ブラック	w6.グレーベージュ
w7.ネービーブルー	w8.トゥルーブルー	w9.ロイヤルブルー	w10.ホットターコイズ	w11.チャイニーズブルー	w12.レモンイエロー
w13.ライトトゥルーグリーン	w14.トゥルーグリーン	w15.エメラルドグリーン	w16.パイングリーン	w17.ショッキングピンク	w18.ディープホットピンク
w19.マゼンタ	w20.フクシャ	w21.ロイヤルパープル	w22.ブライトバーガンディ	w23.ブルーレッド	w24.トゥルーレッド
w25.アイシーグリーン	w26.アイシーイエロー	w27.アイシーアクア	w28.アイシーバイオレット	w29.アイシーピンク	w30.アイシーブルー

Brilliant Winter

ファッション Fashion

基本スタイル

>> イメージワード **ドラマティック** Dramatic

基本スタイルのイメージは「ドラマティック」。ブリリアントウインターの人は、存在感のあるシャープさが魅力です。モノトーンにビビッドカラーを合わせた配色もいやみなく着こなせ、黒や純白だけでまとめたスタイルもよく似合います。

［イラストの配色］

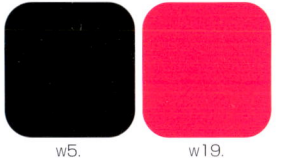

w5.　w19.

黒のパンツスーツとピンヒールの組み合わせがシャープさを演出。ブリリアントウインターの定番色にビビットカラーをプラスするとスタイリッシュなコーディネートになります。

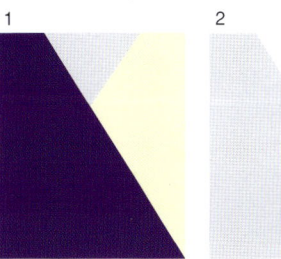

1

w2.w26.w21

2

w29.w7.w2.

1.パープルとアイシーイエローの補色の組み合わせは、個性的でありながら、キリッとした気品を感じさせる配色です。2.無彩色にネービーをきかせると、シャープでドラマティックなイメージが生まれます。

ステップアップヒント

黒のレザーや、クロコダイルなどを大胆に使ってスタイリッシュに。コントラストをきかせた色の組み合わせに、洗練されたエキゾチックな香りを合わせた演出もおすすめ。

Brilliant Winter

ファッションFashion

ビジネスシーン

>> イメージワード **フォーマル** Formal

ビジネスシーンでは、「フォーマル」なスタイリングを心がけて。飾りの少ないシャープなデザインのパンツスーツや正統派のスーツスタイル、基本カラーのモノトーンやネービーブルーを中心としたコーディネートがおすすめです。

[イラストの配色]

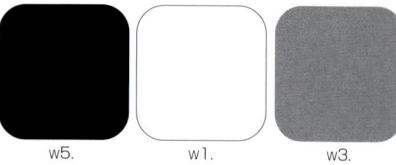

w5.　w1.　w3.

白と黒でメリハリをきかせたコーディネート。シャツに入ったグレーのラインがほどよいアクセントになります。

1

w3.w28.w4.

2

w2.w22.w7.

1.重くなりがちな低明度のグレーどうしのコーディネートには、アイシーカラーで清潔感を出しましょう。2.インナーに取り入れたブライトバーガンディは、ビジネスシーンで女性らしさを印象づけるアクセントカラー。

ステップアップヒント

かっちりとした仕立てのデザインで、ウールやツイードなどのしっかりした質感があるものがピッタリ。ストッキングは、グレーベージュやネービー、ブラックも似合います。

Brilliant Winter

ファッション Fashion

アウトドアシーン

>> イメージワード **ダンディ** Dandy

メンズライクでハードな装いが似合うので、アウトドアでは「ダンディ」なイメージを意識しましょう。ハードな質感の革のジャケットや、かっちりとしたパンツに太めのベルトを合わせるなど、行動的な印象があなたを引き立てます。

［イラストの配色］

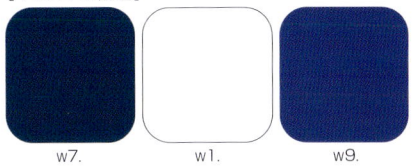

w7.　w1.　w9.

ネービーブルーとピュアーホワイトでスッキリとまとめます。鮮やかなロイヤルブルーがよりシャープさを引き立てています。

1

w12.w1.w3.

2

w30.w17.w16.

1.明るいグレーをジャケットやパンツに取り入れ、イエローをアクセントにすると、涼しげな着こなしに。2.パイングリーンに明るいピンクを組み合わせ、明度と色相のコントラスト配色で可愛らしさも演出。

ステップアップヒント

素材はウール、ウールギャバ、ツイード、レザー、ジャージーがおすすめ。冬場なら、ネービーブルーのピーコートが、あなたのスタイリングをワンランクアップしてくれます。

Brilliant Winter

ファッションFashion

パーティシーン

>> イメージワード **モダン** Modern

パーティのスタイリングでは、「モダン」がキーワード。個性的で目立つ存在なので、幾何学的、抽象的なパターンのドレスを、大胆な色使いで楽しみましょう。黒に銀のラメやスパンコールをあしらったドレスも、魅力を一層引き立てます。

［イラストの配色］

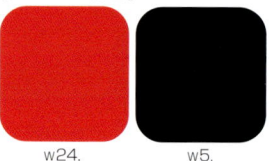

w24.　w5.

真紅のドレスにプラスした黒のアクセントカラーは、全体をより華やかに印象づけます。小物はあえてバッグとイヤリングのみにしたほうが洗練された印象になります。

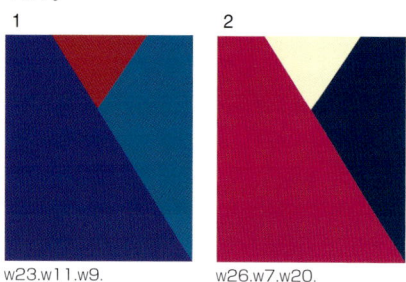

1

w23.w11.w9.

2

w26.w7.w20.

1.ブルー系の中に赤を加えたトロピカルな配色は、ちょっとくだけた夏のパーティに最適。2.赤紫の華やかさをより際立たせるネービーブルーとアイシーイエローでインパクトをつけましょう。

ステップアップヒント

おすすめは、ラメや厚地のサテンなどの華やかで個性的な素材。大胆なプリント柄、幾何学模様なども大人っぽく着こなせ、あなたの魅力を引き立ててくれます。

アクセサリー小物

華やかでデザイン性の高いアクセサリーが、あなたの個性を引き立ててくれます。靴、バッグ、ベルトなどの小物類は、春夏にはホワイト、ライトグレー、ネービー、秋冬にはグレー、ブライトバーガンディ、ブラックなどを合わせるとよいでしょう。

●ビジネスシーン

フォーマル Formal

ビジネスシーンでは、飾り気のないシャープなメタルのブローチや、プラチナ台に色石をあしらったネックレスは存在感を印象づけます。バッグや靴は、あえてオーソドックスなものを。

●基本スタイル

ドラマティック Dramatic

ジュエリーはプラチナや、エメラルド、サファイアをあしらった華やかでシャープなデザインのものがおすすめ。靴は、細身のアンクルブーツやパンプス、アンクルストラップのヒールを選びましょう。

●パーティシーン

モダン Modern

幾何学的な模様や、デザイン性を重視したシルバーやプラチナのアクセサリーが似合います。バッグと靴はお揃いの色にして、ドレスの色とコントラストが強い配色にすると、アバンギャルドな印象に。

●アウトドアシーン

ダンディ Dandy

太めのベルトや大きめのサングラス、ビニール製のショルダーバッグなど、インパクトのある小物選びを楽しみましょう。靴は、マニッシュなサイドゴアブーツや編み上げブーツがピッタリです。

Brilliant Winter

メイクアップ Make-up

>> Foundation ファンデーション

ブリリアントウインターの人は、肌が色白か色黒か、
どちらかハッキリしているのが特徴。黄みの少ないローズベージュ系や
ブルーベージュ系で、肌色の明度に合わせたものを選びましょう。

ローズベージュ

ブルーベージュ

>> Rouge&Nail Color ルージュ・ネイルカラー

唇に濃い赤みが感じられるブリリアントウィンターの人には、
ブルーレッドなど青みがかったピンクがピッタリ。
トゥルーレッドやマゼンタなど、鮮やかな色もよく似合うでしょう。

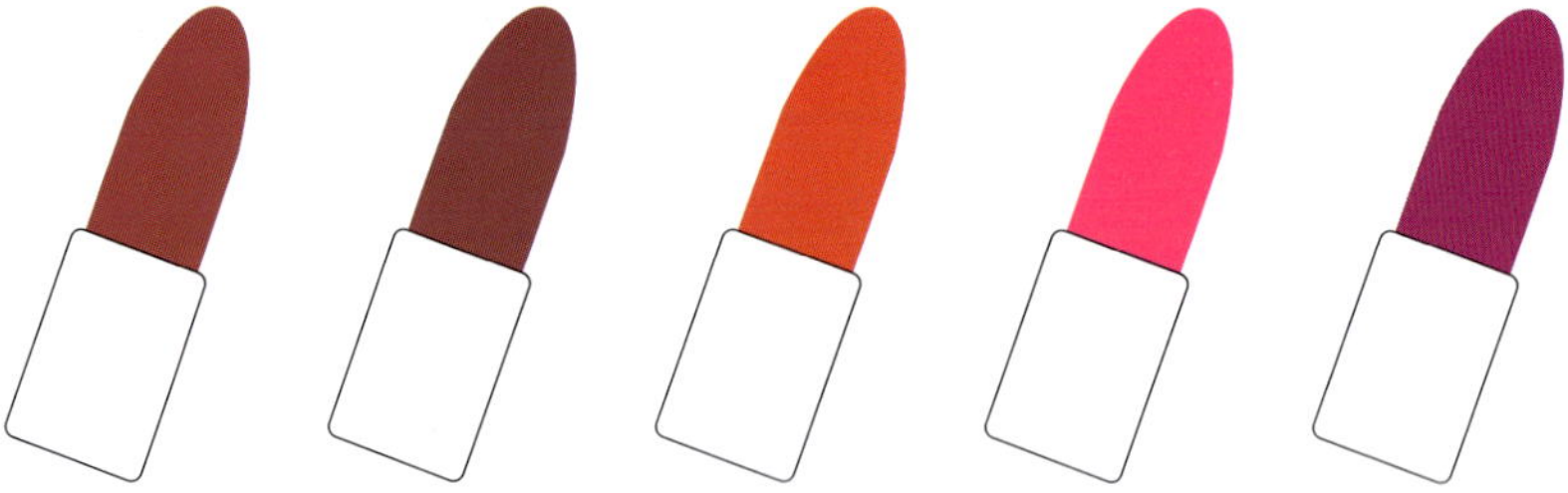

w23.ブルーレッド　w22.ブライトバーガンディ　w24.トゥルーレッド　w19.マゼンタ　w20.フクシャ

派手で強い色にも負けない個性を持つあなたは、「ドラマティック」をテーマに、遊び心のある大胆なメイクを楽しんでください。ただし、イエローの入った暖かみのあるブラウン系やオレンジ系は似合わないので注意しましょう。

>> Eye Shadow　アイシャドウ

瞳の色がブラックか、ブラックに近いブラウンで、
白目とのコントラストが強いので、落ち着いたグレーで引き締めると効果的。
ロイヤルパープルなどでコントラストをつけても素敵です。

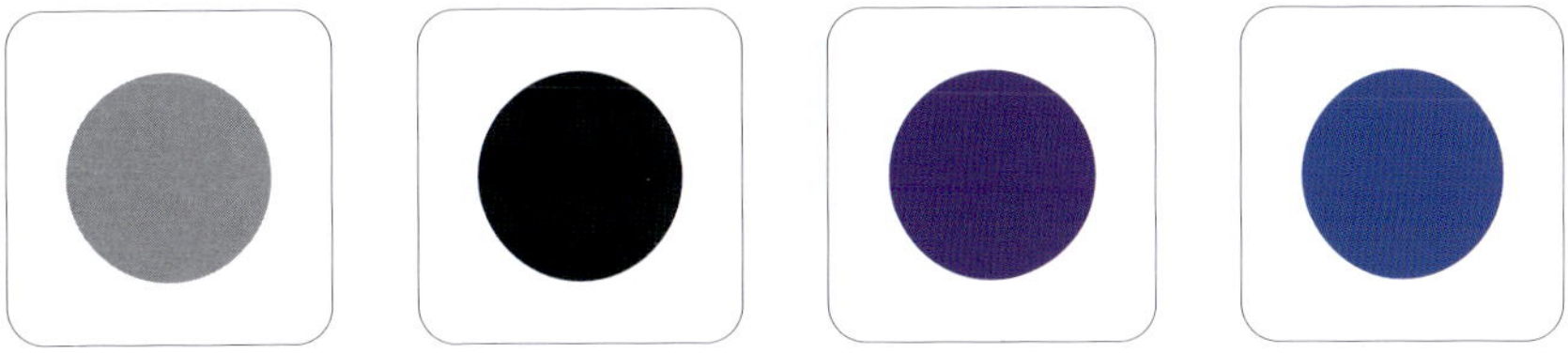

w3.ミディアム
トゥルーグレー　w4.チャコールグレー　w21.ロイヤルパープル　w9.ロイヤルブルー

>> Cheek Color　チークカラー

もともと頬に色味が少ないので、
チークを使うと立体感が出る効果を実感できる人が多いでしょう。
ブライトバーガンディやブルーレッドなど、
落ち着いた色がおすすめです。

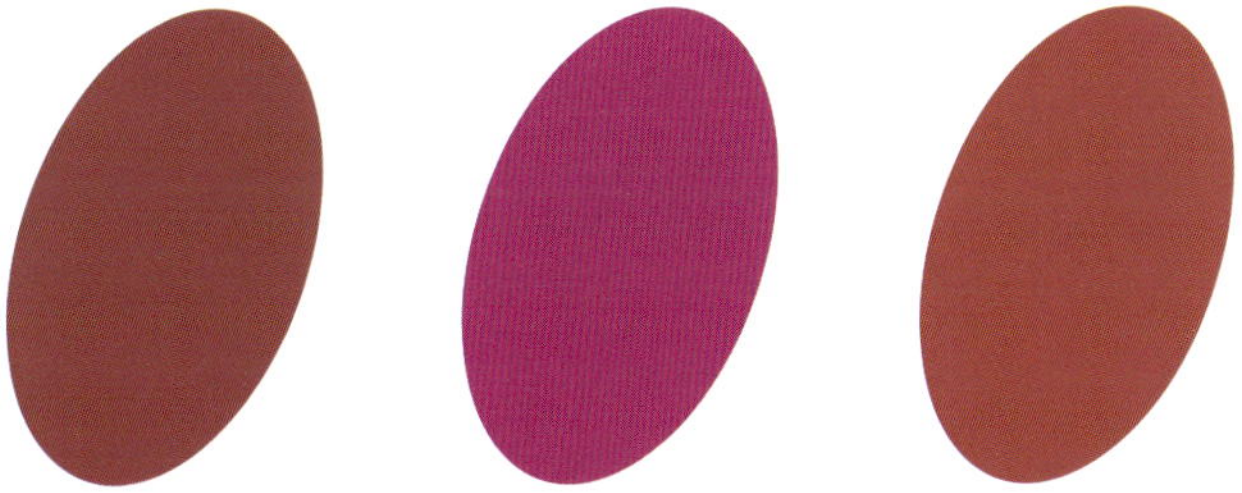

w22.ブライトバーガンディ　w20.フクシャ　w23.ブルーレッド

Brilliant Winter

ヘアカラー Hair Color

ブリリアントウインターの人の髪の色は青みを帯びた強い黒、または黄みのないダークブラウンでツヤがあります。瞳と白目のはっきりしたコントラストに合わせた、黒髪を生かしたボブスタイルやアシンメトリースタイルが似合います。ネービーブルーやロイヤルパープルのアクセントカラーでよりクールな個性を演出しましょう。

ベーシックカラー
>> Basic Color

w4.チャコールグレー　w5.ブラック

アクセントカラー
>> Accent Color

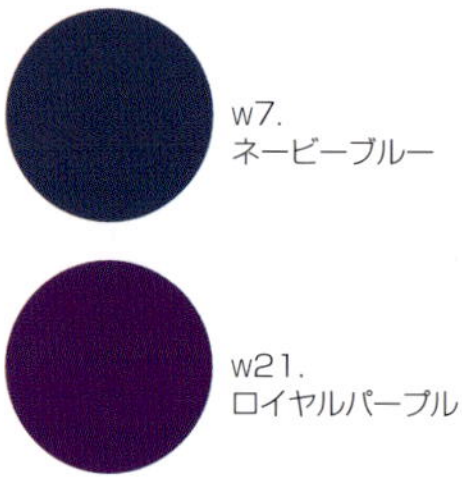

ブリリアントウインターのトータルイメージ
>> Total Image

瞳に調和したチャコールグレーのアイシャドウと濃い赤みを感じさせるブライトバーガンディのルージュで「ドラマティック」な印象に。

「ブリリアントウインター」以外の色との組み合わせ

自分のパーソナルカラー以外の色も、配色のポイントを押さえてひと工夫すれば、幅広い魅力的なコーディネートを楽しむことができます。

w1.w8.su10.

w29.w20.su24.

パステルサマーの色と合わせる

パステルサマーのカラーパレットの中でもブルー系やグレー系の色はブリリアントウインターの色との相性がよく、うまくコーディネートできます。アンダートーンも同じなので、どんな色を組み合わせても大きな違和感はありませんが、印象がやわらかくなりすぎないように、どこかにカチッとしたデザインを取り入れるようにするとよいでしょう。

w3.w5.sp21.

w25.w5.sp2.

ブライトスプリングの色と合わせる

ブライトスプリングの色とブリリアントウインターの色は、華やかな色という共通項があるので、それを意識したコーディネートを心がけましょう。ブライトスプリングの色と組み合わせる場合はブラックを利用し、できるだけその面積を多くするのが上手な着こなしのポイントです。

w30.w7.a27.

w20.w5.a30.

ディープオータムの色と合わせる

印象のはっきりしたブリリアントウインターの人にとって、ディープオータムの色は地味になりがちです。フォレストグリーンやディープバイオレットのような深みのある色とブリリアントウインターの色を組み合わせた場合は、華やかなフクシャなどを顔の下に持ってきましょう。

Bright Spring

ブライトスプリング

ブライトスプリングの人は イキイキと明るく さわやかな色が似合う

ブライトスプリングの人は、朗らかで若々しく、キュートな印象を持たれるので、明るくて澄んだ色が似合います。

白は真っ白ではないアイボリー、グレーは暖かみのあるグレー、ベージュは明るく澄んだベージュ、茶色はオレンジみを感じさせる茶色、黄色は明るいタマゴ色、さまざまなサーモン系のオレンジ、赤も朱色系の暖かい赤、ピンクは青みが少ないコーラルピンク、緑は若草のような黄緑、青は明るく薄い緑青、紫は明るく暖かみのある紫がよく似合い、多色配色も楽しめます。

性格は穏やかで、人付き合いが上手。ただ、真面目でハメを外さないので、融通がきかない人と見られることもあります。

■ ブライトスプリングの基本パレット

sp1.アイボリー	sp2.バフ	sp3.ライトウォーム ベージュ	sp4.キャメル	sp5.ゴールデンタン	sp6.ミディアム ゴールデンブラウン
sp7.ライトウォーム グレー	sp8.ライトクリア ネービー	sp9.ライトクリア ゴールド	sp10.ブライトゴールデン イエロー	sp11.パステル イエローグリーン	sp12.ミディアム イエローグリーン
sp13.ブライト イエローグリーン	sp14.アプリコット	sp15.ライト オレンジ	sp16.ピーチ	sp17.クリア サーモン	sp18.ブライト コーラル
sp19.ウォーム パステルピンク	sp20.コーラルピンク	sp21.クリアブライト ウォームピンク	sp22.クリアブライト レッド	sp23.オレンジレッド	sp24.ミディアム バイオレット
sp25.ライト ペリウィンクル	sp26.ダーク ペリウィンクル	sp27.ライトトゥルー ブルー	sp28.ライトウォーム アクア	sp29.クリアブライト アクア	sp30.ミディアムウォーム ターコイズ

Bright Spring

ファッションFashion

基本スタイル

>> イメージワード **プリティ** Pretty

基本スタイルのイメージは「プリティ」。明るく可愛らしい装いがあなたを引き立てます。リボンや花柄のカラフルなプリント柄、フリルやレースをあしらったデザインなど、どこかに甘さと可憐さが感じられるコーディネートが似合います。

［イラストの配色］

sp3.　sp16.　sp17.

ソフトなライトウォームベージュに同系色のピーチを合わせたおだやかな配色が、素材の軽やかさを生かします。花をモチーフにしたチョーカーが可憐。

1

sp17.sp2.sp12.

2

sp9.sp30.sp4.

1.クリアサーモンをアクセントカラーにした、ブライトスプリングらしい明るい装い。2.落ち着いたキャメルも、エキゾティックな色みのインナーを組み合わせれば、アクティブなイメージになります。

ステップアップヒント

レース、ゴース、オーガンジーなど、柔らかで軽やかな素材はあなたのイメージにピッタリ。香水は、ライト&フレッシュなフルーティ、またはフローラルな香りがよいでしょう。

Bright Spring

ファッションFashion

ビジネスシーン

>> イメージワード **アクティブ** Active

ブライトスプリングの人は、ビジネススタイルに工夫が必要。イメージは「アクティブ」ですが、ライトウォームベージュやライトウォームグレー、ミディアムゴールデンブラウンを基本とし、カジュアルすぎない緊張感を保ちましょう。

[イラストの配色]

sp4.　sp14.　sp3.

同系色相で濃淡をつけた上着とスカートの配色は、まとまり感のなかにも変化がある上品なコーディネート。ブラウスは柔らかな色と素材を生かしたデザインがおすすめです。

1

sp16.sp17.sp6

2

sp11.sp8.sp7.

1.茶系のスーツを着るときは、ピーチ系のインナーで顔まわりを明るくしましょう。2.紺とグレーでさびしくなりがちな組み合わせも、明るいグリーンをアクセントにすると、イキイキとした表情になります。

ステップアップヒント

ソフトウールやウールギャバ、フラノ、ジャージーなど、あまり堅苦しくならない素材のジャケットやスーツがおすすめ。ストッキングは、グレーや濃色のものを避けましょう。

Bright Spring

ファッションFashion

アウトドアシーン

>> イメージワード **カジュアル** Casual

アウトドアでは、「カジュアル」がキーワード。Tシャツにコットンやコーデュロイのパンツなど、気取りのない組み合わせがよく似合います。レイヤードで多色配色を楽しむことも、ブライトスプリングの人ならではの着こなしです。

［イラストの配色］

sp12.　sp10.　sp8.

スリムなパンツにブライトスプリングならではの明るい配色が遊び心を高めます。黄と黄緑は、類系色相でまとまりのある配色です。

1

sp19.sp1.sp27.

2

sp24.sp5.sp23.

1.ブルー系をメインにしたいときは、アイボリーやピンクを組み合わせ、ソフトでさわやかなイメージに仕上げて。2.インナーに赤や紫を加えたメリハリのあるコーディネートで、アウトドアらしい着こなしを。

ステップアップヒント

ギンガムチェックやボーダー柄、小花模様などの明るい柄がよく似合います。また、素材はポリエステルやジャージー、コットン、綿ローンなど、軽やかなものを選びましょう。

ファッションFashion

Bright Spring

パーティシーン

>> イメージワード **キュート** Cute

可愛く、どこかセクシーなあなたはとても魅力的。大胆に胸元をカットしたデザインやキャミソールスタイルでもいやみになりませんが、キュートさが出るものを選びましょう。スパンコールやビーズをあしらったシルクドレスもおすすめです。

［イラストの配色］

sp29.　sp30.

クリアブライトアクアのドレスにミディアムウォームターコイズのアクセントをきかせて。大胆に開けた胸元がブライトスプリングの魅力を引き立てます。

1

sp10.sp18.sp22.

2

sp19.sp21.sp1.

1.鮮やかな赤のパーティウェアにゴールド系のアクセサリーを合わせ、より華やかな雰囲気に。2.アイボリーの可憐なワンピースにピンク系の色を加えると、さらに甘く可愛らしい着こなしになります。

ステップアップヒント

レースや花柄、ハートやリボン模様が入ったものは一見可愛すぎると思うかもしれませんが、あなたなら上手に着こなせます。ちょっと小悪魔的な着こなしもおすすめ。

Bright Spring

ファッションFashion

アクセサリー小物

洋服と同様、アクセサリーや小物、靴、バッグなども、可愛らしいカジュアルなものを身につけると、あなたの持つ明るさをより引き立ててくれます。色は、アクセントカラーになるような、カラフルな色使いのものを選ぶとよいでしょう。

●ビジネスシーン

アクティブ　Active

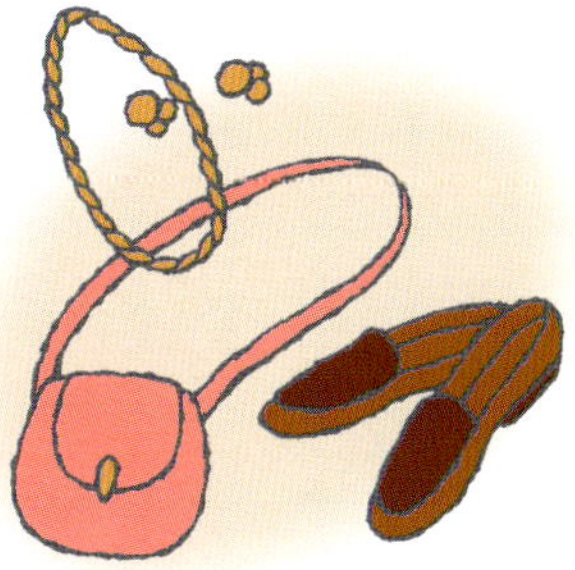

丸みのあるショルダータイプのバッグに、フラットかローヒールで2色使いのコンビシューズが、あなたのビジネススタイルに最適。アクセサリーは、小ぶりのゴールドのネックレスやイヤリングを。

●基本スタイル

プリティ　Pretty

花やハートをモチーフにしたイヤリングやピアス、ブローチ、コサージュなどで、顔まわりを明るく演出するとよいでしょう。カラフルなソックスやタイツ、ストローバッグもよく似合います。

●パーティシーン

キュート　Cute

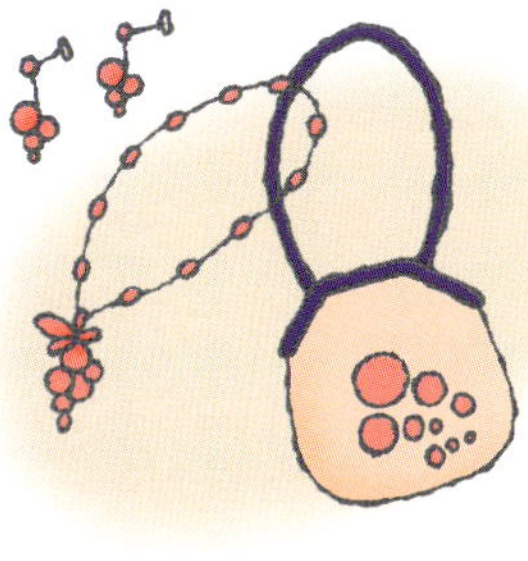

小ぶりの可愛いイヤリングや、クリームがかったパールのネックレスなど、可憐なアクセサリーがピッタリ。バッグは、明るい色調で柔らかな素材のもの、丸みのある小さなものがよいでしょう。

●アウトドアシーン

カジュアル　Casual

コットンや麻の軽やかなスカーフや、カラフルな時計、プラスチック素材の小物などで、軽やかなスタイリングを心がけましょう。足元は、ブーツやキャンバス地のスニーカーでカジュアルにまとめて。

Bright Spring

メイクアップ Make-up

>> Foundation ファンデーション

ブライトスプリングの人は、肌がイエローベージュかソフトベージュで、繊細で透き通るような肌が特徴。暖かみのあるアイボリーやクリーム系ベージュなどで、肌色の明度に合わせましょう。

アイボリー

明るいベージュ

ピーチ系ピンク

>> Rouge&Nail Color ルージュ・ネイルカラー

透明感のある肌色とピーチ系の頬のブライトスプリングの人は、クリアブライトウォームピンクやクリアサーモン、コーラルピンクなど、澄んだ明るい色を選ぶとよいでしょう。

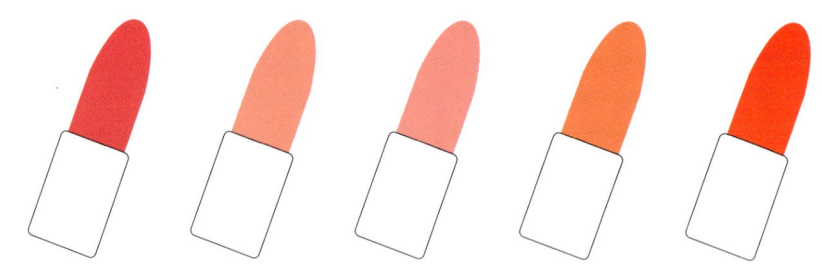

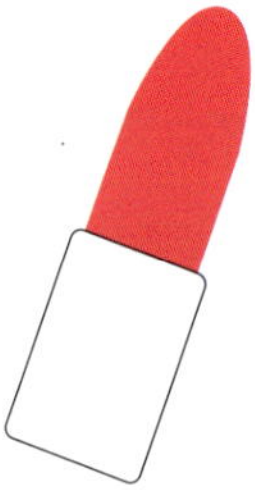
sp21.クリアブライトウォームピンク

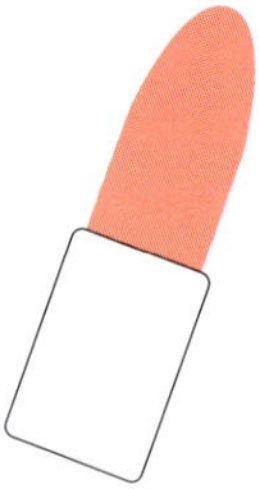
sp17.クリアサーモン

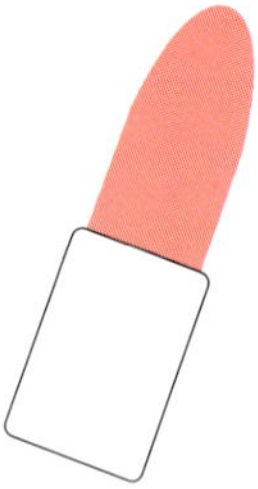
sp20.コーラルピンク

sp18.ブライトコーラル

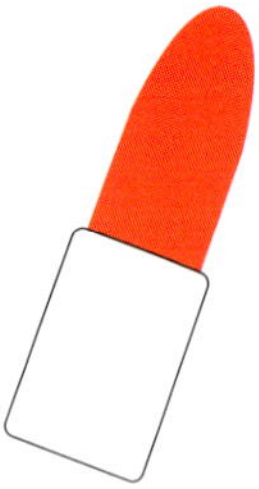
sp23.オレンジレッド

ブライトスプリングの人は、透明感のある明るく健康的なメイクアップをすると、より輝いて見えます。特にアイシャドウは他のシーズンの人にくらべ、色のバリエーションが多いので、パレットの色を参考にしながら自由に色を楽しみましょう。

>> Eye Shadow アイシャドウ

瞳の色は、ゴールデンブラウンや黄みがかったライトブラウン。
なかにはグリーンの色調が感じられる人も。
涼しげな目元を演出するなら、パステルイエローグリーンが効果的です。

sp11.パステルイエローグリーン

sp4.キャメル

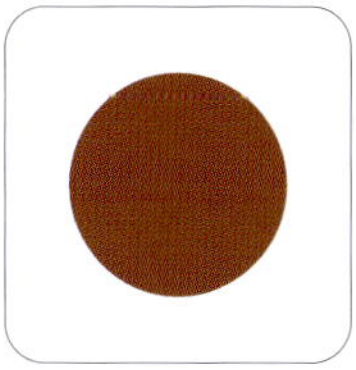
sp6.ミディアムゴールデンブラウン

sp17.クリアサーモン

>> Cheek Color チークカラー

もともとの頬の色は、透き通るような明るいピーチやウォーム系のピンク。
暖かみの感じられるクリアサーモンやコーラルピンク、
ライトオレンジをつけると、肌がよりきれいに見えます。

sp17.クリアサーモン

sp20.コーラルピンク

sp15.ライトオレンジ

Bright Spring

ヘアカラー Hair Color

ブライトスプリングの人の髪は明るくて柔らかく、絹糸のような繊細さが特徴。ブラウン系の明るい瞳に合わせたヘアカラーが若さをプラスします。茶系の同系色による明度のグラデーション配色だけでなく、類系色相のライトオレンジをアクセントにするとより華やかに。明るい髪色にはキュートなショートヘアが似合います。

ベーシックカラー
>> Basic Color

sp4.キャメル　sp5.ゴールデンタン　sp6.ミディアム ゴールデンブラウン

アクセントカラー
>> Accent Color

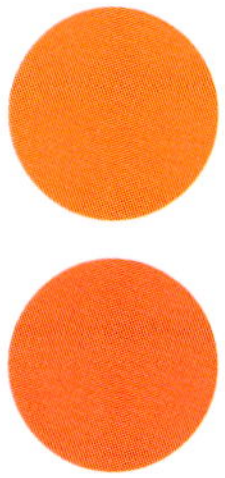

sp15. ライトオレンジ

sp18. ブライトコーラル

ブライトスプリングのトータルイメージ
>> Total Image

ヘアカラー　sp4.キャメル

アイシャドウ　sp11.パステルイエローグリーン

チーク　sp20.コーラルピンク

ルージュ　sp21.クリアブライトウォームピンク

明るい髪色と透明感を生かしたメイクで、
「プリティ」な印象に仕上げます。

「ブライトスプリング」以外の色との組み合わせ

自分のパーソナルカラー以外の色も、配色のポイントを押さえてひと工夫すれば、幅広い魅力的なコーディネートを楽しむことができます。

sp16.sp11.su5.

sp2.sp28.su14.

パステルサマーの色と合わせる

アンダートーンが違いますが、ソフトな素材が似合うという共通点があります。ブライトスプリングは高明度で中高彩度、パステルサマーは中明度・中彩度の領域に似合う色が多くあります。そうしたソフトで明るい雰囲気を生かしたやさしい配色を工夫すると、明るく若々しい印象をより引き立てます。

sp18.sp30.w5.

sp12.sp8.w10.

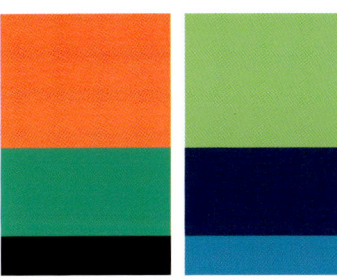

ブリリアントウインターの色と合わせる

着こなしのポイントはコントラスト配色。明るく鮮やかなブライトスプリングの色とボトムにチャコールグレーを組み合わせると、ブライトスプリングらしい活動的な雰囲気を損なうことなくコーディネートできます。トップスはクリアサーモン、ボトムにブラックという組み合わせはキュートでアクティブな印象になります。

sp3.sp4.a24

sp23.sp16.a2.

ディープオータムの色と合わせる

アンダートーンが同じなので、基本的には自由に色を組み合わせて着こなしを楽しめます。ディープオータムの色は深く落ち着いた色合いが多いので、顔を暗くくすませないようなコーディネートの工夫が必要です。ダークな色の面積が多いときは、インナーやスカーフ、アクセサリーなどで顔を明るく見せるようにしましょう。

Deep Autumn

ディープオータム

ディープオータムの人は暖かくて深みのある落ち着いた色が似合う

　ディープオータムの人は、大人っぽくて知的な雰囲気を持っているので、それを引き立てる深みのある暖かな色が似合います。

　白はベージュがかったオイスターホワイト、ベージュならウォームベージュ、茶色や黄色、オレンジは深みのある色みのもの、赤はやや茶色がかった赤や朱色、ピンクは暖かく濃いピンク、緑は深みのある緑、青は緑に近い青がよいでしょう。ディープオータムには青のバリエーションが少なく、緑のバリエーションが多くなっています。

　性格は、自分の考えを曲げない頑固で強情な一面があるとはいえ、好奇心や向上心が旺盛。ロマンチストで人情味にも溢れているので、温かい人柄の人が多いでしょう。

■ディープオータムの基本パレット

a1.オイスターホワイト	a2.ウォームベージュ	a3.コーヒーブラウン	a4.ダークチョコレートブラウン	a5.マホガニー	a6.ディープキャメル
a7.ゴールド	a8.ミディアムウォームブロンズ	a9.イエローゴールド	a10.マスタード	a11.パンプキン	a12.テラコッタ
a13.ラスト	a14.ディープピーチ	a15.サーモン	a16.オレンジ	a17.オレンジレッド	a18.ビタースイートレッド
a19.ダークトマトレッド	a20.ライムグリーン	a21.シャルトルーズ	a22.イエローグリーン	a23.モスグリーン	a24.グレードイエローグリーン
a25.オリーブグリーン	a26.ジェードグリーン	a27.フォレストグリーン	a28.ターコイズ	a29.ティールブルー	a30.ディープバイオレット

Deep Autumn

ファッションFashion

基本スタイル

>> イメージワード **ナチュラル** Natural

構えない「ナチュラル」な雰囲気の着こなしが、ディープオータムらしさを引き立てます。コーディネートでは自然の恵みを感じる色を楽しみ、ざっくりしたコットンやバックスキン、ツイードなどの素材感のあるものを選ぶとよいでしょう。

［イラストの配色］

a20.　a3.　a7.

ライムグリーンとコーヒーブラウンの落ち着いた色調どうしの反対色相の組合せです。布製のトートバッグがよりナチュラル感をアップします。

1

a9.a23.a12.

2

a19.a10.a24.

1.深い色どうしの配色でも、顔まわりにゴールド系のアクセントカラーを加えると、肌の色を美しく見せてくれます。2.紅葉をイメージする華やかで深い赤を取り入れ、彩度のグラデーションを楽しみましょう。

ステップアップヒント

コットンや麻、ウール、スエードなどで、目のあらい張りのある素材がおすすめ。柄は、ペイズリーやボーダーなど、ナチュラルテイストのものがよく似合います。

Deep Autumn

ファッションFashion

ビジネスシーン

>> イメージワード **シック**Chic

「シック」をキーワードに、都会的なセンスのよさを感じさせる着こなしを心がけましょう。茶系やモスグリーンなどの落ち着いた色を基調とし、シャルトルーズやオレンジレッドのような色をアクセントに使うと小粋で上品な着こなしに。

[イラストの配色]

a6.　a28.　a4.

茶系の同系色に明度の差をつけてメリハリを出しています。インナーにターコイズを合わせると、粋で上品なイメージに仕上がります。

1

a26.a8.a27.

2

a23.a17.a5.

1.グリーンと茶の配色は、都会的なセンスが表現できる組み合わせ。オータムカラーでおしゃれ感を演出しましょう。2.茶系統でまとめたビジネスウェアには、明度のコントラストが映えるオレンジレッドが新鮮。

ステップアップヒント

ディープオータムの人には、ベージュやシナモン、ブラウンなどの茶系のストッキングがおすすめ。反対に、グレーやブルーの色調のものは避けましょう。

Deep Autumn

ファッションFashion

アウトドアシーン

>> イメージワード **スポーティ** Sporty

スポーツウェアの持つ機能的で活動的なイメージが、そのままディープオータムのアウトドアシーンでのイメージにつながります。選ぶ色はナチュラルなアースカラーにして、全体を類系色や同系色の配色でまとめると素敵です。

［イラストの配色］

a23.　a2.　a30.

ウォームベージュとモスグリーンの配色は、分かりやすいアースカラーの組み合わせ。ディープバイオレットのベストが全体を引きしめます。

1

a13.a21.a29.

2

a22.a9.a11.

1.ティールブルーとシャルトルーズの配色は、スポーティで行動的。大自然にピッタリです。2.明るい黄色のカジュアルなコットンパンツなどに調和するイエローグリーンを取り入れ、ハツラツとした印象に。

ステップアップヒント

デニムやコーデュロイといったカジュアルなパンツや、レザーやスエード、ツイードのような素材感を生かした着こなしがピッタリ。幅広のストライプもセンスよく着こなせます。

Deep Autumn

ファッションFashion

パーティシーン

>> イメージワード **ゴージャス** Gorgeous

あなたをより魅力的に見せてくれるのが、「ゴージャス」なスタイル。アシンメトリーな切り替えやプリーツの入ったワンピースドレスやパンツスーツが似合い、ゴールドに光る素材のトップスなどを合わせると、小粋で華やかな印象になります。

［イラストの配色］

a14.　a17.　a7.

オレンジレッドやサーモンの大胆な模様が効果的なドレスには、ゴールド系のアクセサリーでよりゴージャス感を印象づけましょう。

1

a28.a30.a9.

2

a11.a25.a18.

1.イエローゴールドとディープバイオレット、ターコイズの多色配色が、ゴージャスさを演出。2.明るいオレンジとシックなグリーンというように、色調対比で見せる補色配色は、より印象的なパーティウェアに。

ステップアップヒント

パーティシーンでの香水はスパイシーな香りを選ぶと、グッと華やかさをアピールすることができます。模様はアニマルプリントなど、大胆なものがおすすめです。

ファッションFashion

Deep Autumn

アクセサリー小物

大人っぽくて落ち着いた雰囲気を持つあなたのイメージを生かし、アクセサリーや小物はナチュラルなものをコーディネートしましょう。どこかエスニックな感じを漂わせたものや、自然をイメージさせるデザインのものがおすすめです。

●ビジネスシーン

シック Chic

アンティーク風やべっ甲のものなど、大人っぽい印象の腕時計が、あなたの知的な雰囲気によく似合います。バッグや靴は、ヌバック、スエード素材の落ち着いた色調を選びましょう。

●基本スタイル

ナチュラル Natural

木や石などの自然素材を使ったアクセサリーや、麻やコットンのストールでナチュラルにまとめて。バッグは、アジアンテイストの籐で編んだショルダータイプや布製のトートバッグがピッタリです。

●パーティシーン

ゴージャス Gorgeous

素材のおもしろさを生かしたものや、ゴールドでデザイン性の高いものを身につけると、とてもゴージャスな印象になります。靴は、ゴールドや型押しをアクセントにしたパンプスで華やかに。

●アウトドアシーン

スポーティ Sporty

大人っぽいアウトドアスタイルには、ラフな印象を与える布製のタイやアーガイルソックス、布製のサッシュベルトがピッタリ。メタル素材のアクセサリーをつけるなら、マットタイプのゴールドを。

Deep Autumn

メイクアップ Make-up

ファンデーション
>> Foundation

ディープオータムの人は、肌がオイスターホワイトやウォームベージュ、またはゴールドベージュや落ち着いたダークベージュで、赤みが少なくつるりとしています。ウォームベージュやアイボリーを選び、肌色の明度に合わせましょう。

ウォームベージュ　　オイスターホワイト

ルージュ・ネイルカラー
>> Rouge& Nail Color

秋を感じさせる落ち着いた色がよく似合うディープオータムの人には、低明度で高彩度のダークトマトレッドがしっくりなじみます。深みのあるオレンジレッドもおすすめです。

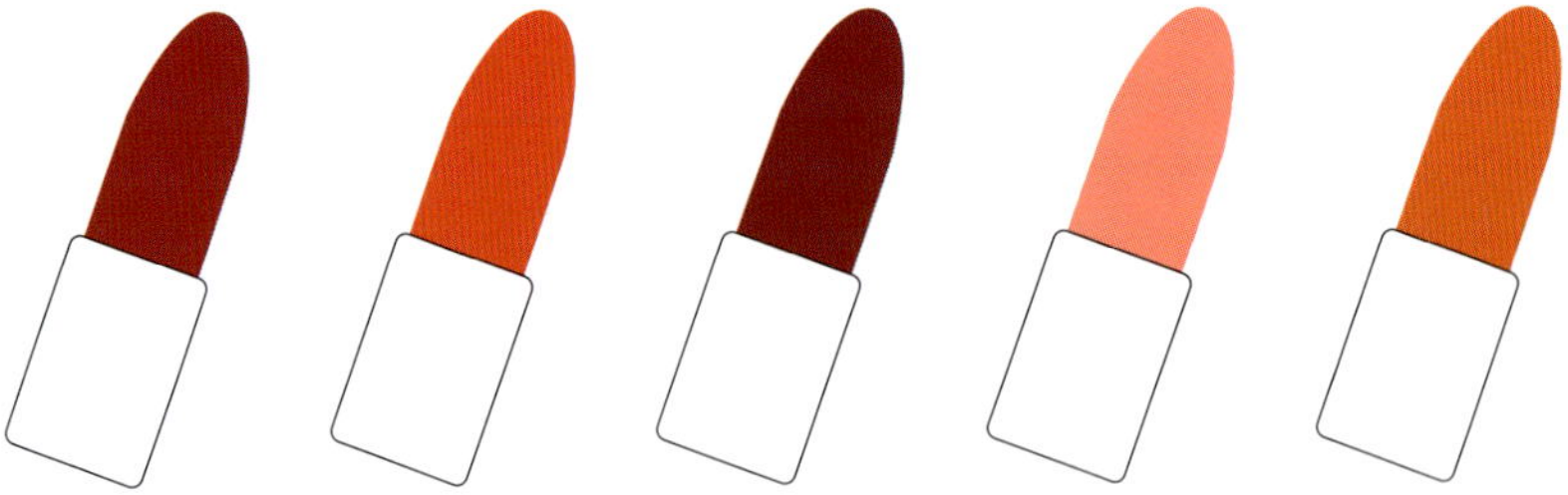

a19.ダークトマトレッド　a17.オレンジレッド　a13.ラスト　a15.サーモン　a16.オレンジ

知的で大人っぽい雰囲気が似合うので、色を混ぜて深みを出したり、目元にダークなグラデーションを入れるとよいでしょう。逆に、色味を抑えたナチュラルメイクにしても素敵。パール系やグレー、ピンクはできるだけ避けたほうが無難です。

>> Eye Shadow アイシャドウ

瞳の色は、ダークブラウンやブラックに近いブラウン。
グリーンの色調を感じさせる人は、モスグリーンやオリーブグリーンが合います。
混色にして、彩度の低い色を作るのもよいでしょう。

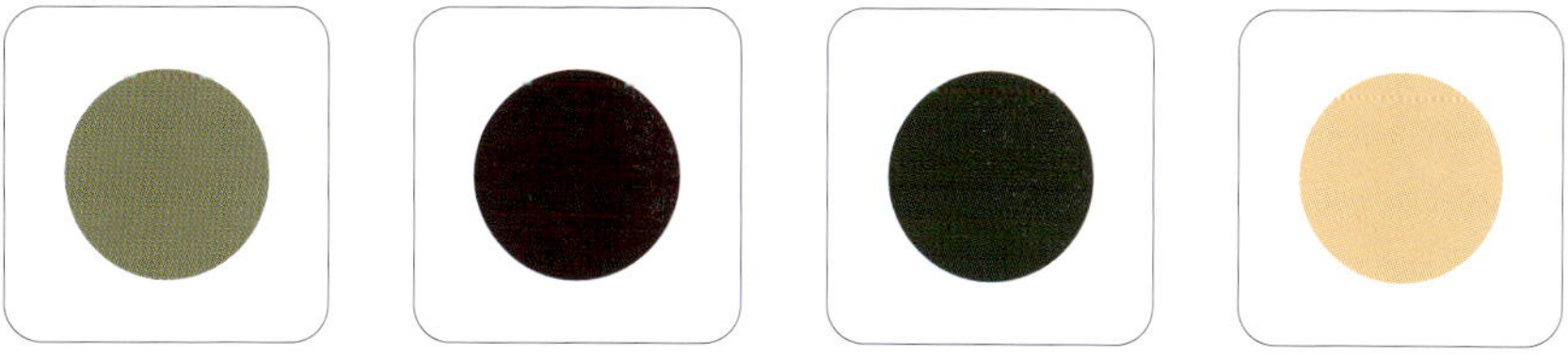

a23.モスグリーン　a4.ダークチョコレートブラウン　a25.オリーブグリーン　a7.ゴールド

>> Cheek Color チークカラー

頬の赤みをあまり感じられない人が多いので、
チークカラーで華やかな印象を出すとよいでしょう。おすすめの色は、
ダークトマトレッドやビタースイートレッド、サーモンです。

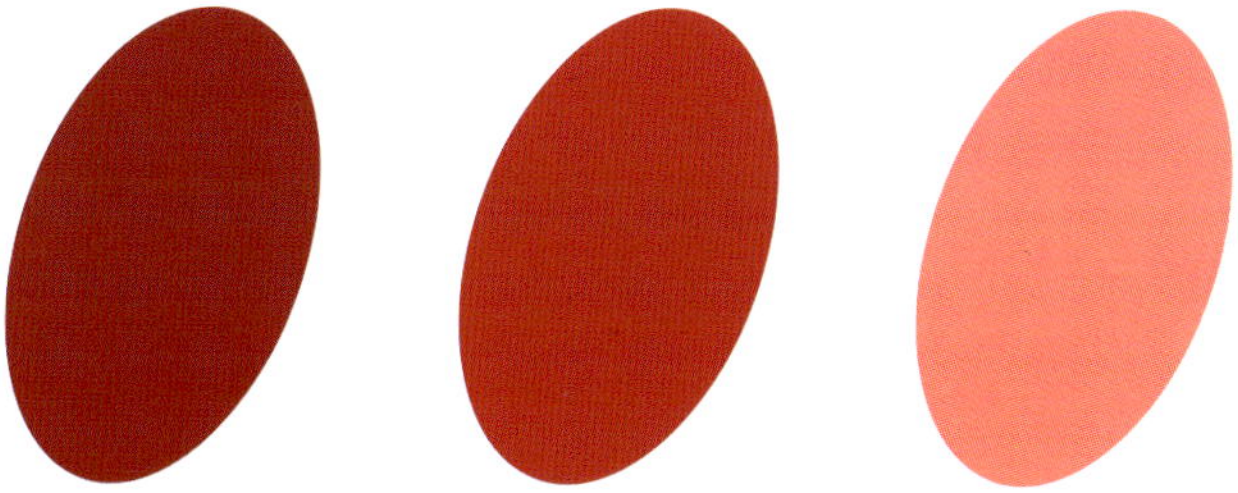

a19.ダークトマトレッド　a18.ビタースイートレッド　a15.サーモン

Deep Autumn

ヘアカラー Hair Color

ディープオータムの人の髪は黄みがかったダークブラウン系が多く、瞳も同じ色調を持ち、落ち着いた印象があります。ディープオータムのパレットには明度と彩度をおさえた茶系や、アクセントカラーに合うオレンジ系が豊富なので参考にしましょう。また、瞳に緑の色調を感じさせる人もいるので、オリーブ系も調和します。

ベーシックカラー
>> Basic Color

a3.コーヒーブラウン　a4.ダークチョコレートブラウン　a5.マホガニー

アクセントカラー
>> Accent Color

a12.
テラコッタ

a25.
オリーブグリーン

ディープオータムのトータルイメージ
>> Total Image

ヘアカラー　a4.ダークチョコレートブラウン

アイシャドウ　a25.オリーブグリーン

チーク　a15.サーモン

ルージュ　a13.ラスト

ダークチョコレートブラウンのヘアカラー、オリーブグリーンのアイシャドウ、落ち着いた色みのラストのルージュで大人っぽい雰囲気に。

「ディープオータム」以外の色との組み合わせ

自分のパーソナルカラー以外の色も、配色のポイントを押さえてひと工夫すれば、幅広い魅力的なコーディネートを楽しむことができます。

a3.a24.su17.

a26.a9.su8.

パステルサマーの色と合わせる

基本的にはミディアムブルーやオーキッド、ラベンダーのような青みの強い色は、ボトムに持ってくるほうが無難です。ディープオータムの人がパステルサマーの色を身につけると寂しげな印象になるので、ライトレモンイエローと茶系など、色相にコントラストをつけるようにしましょう。

a2.a14.w16

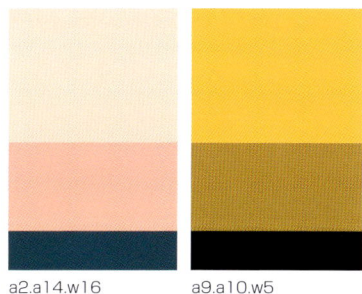

a9.a10.w5

ブリリアントウインターの色と合わせる

ブリリアントウインターのカラーパレットの中でもパイングリーンやグレーベージュはディープオータムの色と組み合わせやすい色です。ダークチョコレートブラウンやラストのような茶、赤系などの深い色の組み合わせを心がけ、顔もとにはディープオータムの色を持ってくるようにしましょう。

a3.a28.sp28.

a1.a21.sp9.

ブライトスプリングの色と合わせる

基本的にはアンダートーンが同じで、キャメルやライトウォームベージュのように、ディープオータムの色と共通項を持つ色が多いので着こなしやすいのですが、明るく鮮やかな色ばかりでコーディネートすると顔が暗く浮いてしまうので注意しましょう。ライトウォームアクアとターコイズ、ミディアムゴールデンブラウンとダークチョコレートブラウンのように、同系色の濃淡でまとめると無難です。

column

体型の気になる部分をカバーする方法

気になる体型のコンプレックスは、服のデザインで大きくカバーできます。積極的におしゃれを楽しむための「体型をカバーする」デザイン選びのコツをご紹介します。

●首が短い

首の短さをより強調するタートルネックやハイネックは避け、テーラードカラーやVネックなど襟ぐりが広く開いたデザインで首まわりをスッキリ見せます。また、スカーフは中心で結ばずに肩へ流すなどして縦のラインを強調するようにしましょう。

●なで肩

襟ぐりが大きく開いたデザイン、肩、腕にフィットするものや、肩を出すタンクトップは避けましょう。袖にギャザーの入ったもの、ボートネック、ボーダー柄のものなど、幅を感じさせるものがおすすめです。

●バストが小さい

襟ぐりが胸元まで開いたデザインや体にフィットするものは避け、ギャザー、ドレープ、シャーリングなど胸の部分に飾りのあるものでボリュームを出しましょう。またスカーフやジャケットで胸まわりをカバーするのも効果的です。

●お腹が出ている

細身のパンツやスカートなど、体にフィットするものは避けましょう。スカートはギャザーの入ったものがおすすめですが、どうしても細身のものを着るときは、長めのジャケットやオーバーブラウスなどでお腹まわりを隠します。

●いかり肩

肩のラインを強調する肩パッド、肩に飾りのあるもの、ボーダー柄は避け、Vネック、ストライプ柄、タンクトップなどのラインを強調しましょう。水平のラインよりも視線を縦にうつすことで全体のバランスを考えます。

●二の腕が太い

腕にフィットするデザインや、二の腕のいちばん太い部分までの長さの袖は避けましょう。袖にゆとりのあるデザインで、長袖か肘が隠れるくらいの長さのものがおすすめです。

●バストが大きい

胸の位置に飾りのあるもの、ウエストを絞ったジャケット、丈の短いジャケットは避けましょう。胸元に飾りのないスッキリしたもの、すこしドレープの入ったものでバストを目立たなくしたり、ボトムの長さで全体のバランスをとり、上半身を強調しないようにしましょう。

●足が太い

タイトやミニ、裾がふくらはぎの位置にくるスカートは足の太さを強調するので要注意。また、目立つ色のストッキングも避けましょう。おすすめはふくらはぎより長めのスカートやパンツ。上半身にボリュームを持たせるとシルエットがすっきり見えます。

Chapter 4

男をみがく配色マジック

魅力を最大限に引き出し、
洗練された個性をアピールする、
男性のファッション・テクニック

Pastel Summer

パステルサマーのメンズファッション Fashion

ビジネスシーン

穏やかな雰囲気を持つパステルサマーの男性には、グレーを基本にしたコーディネートがぴったりです。シャツはピュアホワイトよりも、ソフトホワイトやブルー系のものがおすすめ。ネクタイもスーツやシャツと同系色でまとめましょう。

1

su1.su10.su7.su3.su6

2

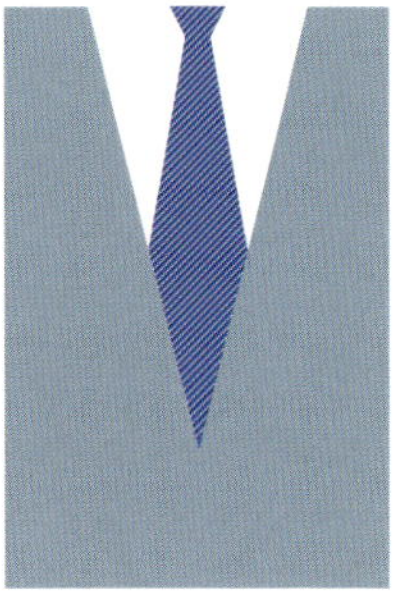

su1.su5.su25.su8.

1.ストライプのシャツとドットパターンのネクタイが爽やかな印象の配色です。2.ななめ縞のタイがシャープな雰囲気を醸し出します。タイのストライプ幅は細めのほうがより素敵です。

ステップアップヒント

靴はブラック系のタッセルシューズ、バッグはココアやブラック系で柔らかな皮素材がおすすめ。手帳や名刺入れなどの小物は、ブルー系やグレー系で統一するとよいでしょう。

su5. su9. su8.

パステルサマーのメンズファッション Fashion

Pastel Summer

アウトドアシーン

パステルサマーの男性のアウトドアシーンには、ジーンズを中心にしたコーディネートがおすすめ。淡い色のブルージーンズやココア系、グレー系のカラージーンズを、ソフトなデザインや素材の服と合わせ、くだけた雰囲気で着こなしましょう。

1

su18.su8.su10.

2

su9.su2.su4.

1.パウダーピンクのインナーにブルー系を合わせた軽快ですっきりとした配色。2.上半身を淡い色でまとめ、落ち着いたローズブラウンをボトムに。ジーンズなどのパンツがおすすめです。

ステップアップヒント

靴はローズベージュ系やネービーブルー系のスエードのものや、コンビネーションのスニーカー。時計はパステルサマーの色で、少し遊びのあるデザインが合います。

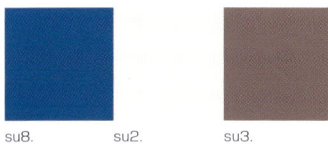

su8. su2. su3.

ビジネスシーン

ネービーやブラック、チャコールグレーなど、スーツの基本カラーを着こなせるのがブリリアントウインターの男性。はっきりした色のネクタイで、コントラストを意識したコーディネートを。柄はレジメンタルや幾何学模様がおすすめです。

1

w1.w5.w3.w4.

2

w28.w7.w8.w21.w9

1.モノトーンでまとめたブラックのスーツスタイル。レジメンタルタイがしゃきっとした印象を与えてくれます。2.ブルー系のネクタイにポイントを置いたコーディネート。

ステップアップヒント

靴はブラックのプレーンタイプかウイングチップ。バッグも基本はブラックでそろえるとよいでしょう。時計もブラックのベルトのものか、あまり飾りのないシルバー系で。

w4.　w1.　w22.

Brilliant Winter

ブリリアントウインターのメンズファッションFashion

アウトドアシーン

ブリリアントウインターの男性は、アウトドアシーンでもシャープな印象のスタイリングがおすすめです。モノトーンでまとめたり、どこかに強い色を使ってコントラストを際立たせるようにすると、きりっとした装いになります。

1

w5.w6.w4.

2

w29.w23.w7.

1.インナーに黒をきかせ、グレーベージュのジャケットを合わせたコーディネート。パンツもグレー系を選びましょう。2.ブルーレッドが鮮やかに映える装い。フリースかパーカーでスポーティーに。

ステップアップヒント

小物はコントラストのはっきりしたスニーカーや、ビビッドな色合いのデイパックなどがおすすめ。時計も強いコントラストのスポーツウォッチでカジュアルに。

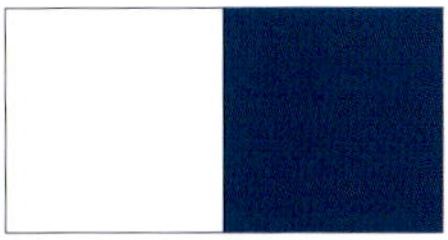

w1.　w7.

ビジネスシーン

ブライトスプリングの男性のビジネスシーンは、明るく清潔感のある雰囲気を演出するのがポイント。ネービーやグレーなどは苦手な傾向があるので、Vゾーンにライトな色を選び、暗い印象にならないように注意しましょう。

1

sp1.sp8.sp4.sp16.

2

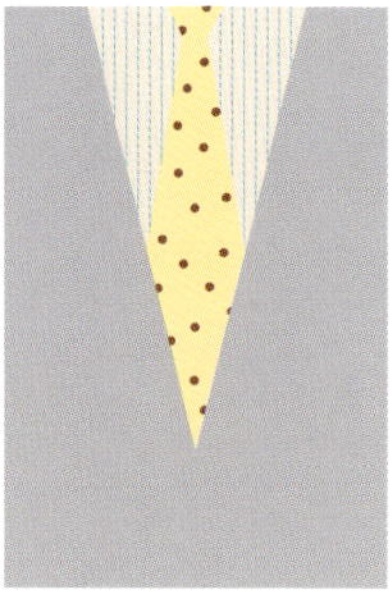

sp3.sp28.sp7.sp9.sp6

1.ネービーのスーツに、キャメルとピーチのストライプのネクタイが爽やか。2.ストライプのシャツにドットのネクタイで、Vゾーンを引き立たせたスタイル。モノトーン系のスーツでも明るい装いです。

ステップアップヒント

靴はライトブラウン系のコインローファーやモンクストラップなどで軽快に。バッグはハードなものではなく、丸みのあるデザインを。時計やベルトもブラウン系で統一しましょう。

sp6. sp3. sp8.

Bright Spring

ブライトスプリングのメンズファッションFashion

アウトドアシーン

明るいイエローやサーモン系の色も若々しく着こなせるブライトスプリングの男性。アウトドアシーンではこれらの色を思い切って取り入れましょう。ボトムを落ち着いたダークカラーにすれば、年配の方でも挑戦できるスタイリングです。

1

sp2.sp17.sp6

2

sp24.sp27.sp7.

1.クリアサーモンのセーターでフレッシュな印象を引き出すコーディネート。ボトムは明るいブラウン系を取り合わせます。2.バイオレット系とブルー系のトップが爽やか。ボトムにはカーゴパンツなどを。

ステップアップヒント

靴やバッグはキャメルやベージュ系にするとおしゃれ。時計はブライトスプリングの色でカラフルなもの、また遊び心のあるデザインで冒険してみるのもよいでしょう。

sp3. sp2. sp4. sp8.

Deep Autumn

ビジネスシーン

ディープオータムの男性のビジネススタイルは、都会的な装いを心がけましょう。スーツのVゾーンに、ベージュ、茶、グリーン系を取り入れると、洗練された大人の雰囲気が演出できます。凝ったデザインのネクタイもよく似合います。

1

a2.a3.a13.a12.a23.

2

a1.a4.a20.a24.a8.

1.暖かな色がディープオータムの男性の柔らかな物腰を引き立たせてくれます。ネクタイはペイズリー柄を。
2.グリーン系のシックな装い。多色使いのネクタイがアクセントになります。

ステップアップヒント

靴はダークチョコレートブラウンやマホガニーのウイングチップやプレーンタイプを。ベルトや靴はダークブラウン、時計はゴールドがしっくりきます。

a5. a1. a25.

Deep Autumn

ディープオータムのメンズファッションFashion

アウトドアシーン

ディープオータムの男性のアウトドアシーンには、ツイードやバックスキン、コーデュロイなど、素材感のある生地がおすすめです。ジーンズよりはチノパンを合わせるとよいでしょう。アーミールックなどのラフなスタイルも似合います。

1

a25.a3.a6.

2

a30.a29.a23.

1.オリーブグリーンのシャツもしくはTシャツに、コーヒーブラウンのジャケットを。素材はバックスキンなどを選びましょう。2.深めの色合いでそろえたコーディネート。ボトムはアーミーパンツなどをセレクト。

ステップアップヒント

靴はモスグリーンやダークブラウンのスエードのデザートブーツやベロア素材のスニーカーがおすすめです。時計や帽子もディープオータムの色でそろえましょう。

a2. a24. a7. a8.

column

自分を演出する色彩術

自分色であっても、ピンクだと顔が明るく感じられたり、ブルーの服を着るとほっそり見えるというように、服の色で変化する印象の違いは大きいのです。特に仕事上で、相手に好印象を与えるイメージを打ち出すことは大切です。自分らしさをアピールするために、また、自分のかくれた一面を演出するために、色によるイメージテクニックをマスターしましょう。

●若々しくて明るいイメージ

そこにいるだけで、まわりがぱっと明るくなる人がいます。笑顔やしぐさ、言葉づかいがなめらかで楽しそう。その軽快さを色にたとえれば、黄色とピンク。顔のまわりにあるだけで表情をサポートしてくれる明るい色を、ブラウスやインナー、ワイシャツやネクタイに取り入れましょう。茶系統のスーツにはクリーム、紺やグレーのスーツにはピンクなどを組み合わせて、明暗のコントラストでメリハリのある印象を演出します。

●頭がきれて、仕事ができるイメージ

紺やチャコールグレー、こげ茶などのダークスーツは、相手に落ち着きと信頼感を伝えます。会議や商談を進める上で、意志の強さと印象を残す色使いは、アクセントカラーによるインパクトの打ち出しです。スカーフやネクタイ、ポケットチーフなどの小物の色でアクセントをつけましょう。また、自分の好きな色は守護色として、ハンカチや手帳、ボールペンなどに使うことで心を落ち着かせる心理効果もあります。

●好感度を高める、親しみやすいイメージ

相手の警戒心を取り除く、アクのないイメージの演出には、ソフトなパステルカラーやブルーの濃淡による同系色の配色が効果的。相手にやさしい印象をあたえ、不快感を持たれることはありません。配色は、コントラストを避けた同一色調でまとめましょう。

5

Chapter

快適な
空間を演出する
色の作法

いつもの生活空間がグレードアップする、
インテリア・テーブル・
フラワーコーディネートテクニック

色で演出する インテリア&フラワー コーディネート

シーズンカラーで色を絞り、まとまり感を出す

ファッション以外であなた自身を表現するもの。それは、毎日暮らす部屋の家具や、さりげなく置いてある小物など、あなたを取り囲むライフスタイルではないでしょうか。また、友人を招いたときのパーティでのテーブルセッティングや部屋に飾る花、誰かに贈る花のアレンジも自分を表現する方法のひとつです。

部屋とは本来、一日の疲れを癒すくつろぎの空間です。ところが現代のようにモノがあふれる時代では、ひとつモノを買うたびに部屋の中に色が増えていくという現象が起こりかねません。部屋の中にさまざまな色があふれることで、かえって疲れをためてしまうということもあります。

自分らしさを表現しつつくつろぎの空間を演出するためには、自分の身のまわりに不要な色を持ち込まないことです。シーズンカラーの中の色を使って、素敵なライフスタイルを表現していきましょう。

●●● インテリア

床や壁など大きなスペースをしめる色を「ベースカラー」、ソファやチェストなど、ベースカラーよりは小さい面積をしめる色を「サブカラー」、クッションやスリッパ、絵画など、部屋にアクセントを加えるルームアクセサリー

の色を「アクセントカラー」といいます。まずは、これら3つの配色バランスを考え、室内の色を絞り込んでいくことで、繁雑な雰囲気をなくします。新しいものを購入するときも、あらかじめ決めたその色を目安にして選べばOK。統一感のある居心地のよい空間が生まれます。

また、「エレガント」「モダン」「プリティ」「カジュアル」など、自分自身のイメージワードに合わせて部屋を統一するという方法も、テクニックのひとつです。「自分色」や、イメージをインテリアに活用すると統一感が生まれ、よりあなたらしいライフスタイルを表現することができます。

フラワー

インテリアに合わせて、部屋に飾る花もコーディネートしてみましょう。フラワーアレンジの場合は、花材のセレクトだけでなく、花器やラッピングとの配色バランス、アレンジの方法などにもセンスが表れます。このときシーズンカラーのイメージで統一すると、アレンジがしやすくなります。

花をプレゼントする場合は、相手が持つイメージや贈るシチュエーションを店側に伝えたうえで、花材、アレンジの方法を決めるとよいでしょう。親しい間柄であれば、あなたのセンスでアレンジしてプレゼントしてもいいですね。

Pastel Summer

interior coordinate

パステルサマーの インテリアコーディネート

リビングルーム Living Room

su26. su25. su14. su13.

パステルサマーのインテリアイメージは「エレガント」。優雅でフェミニン、上品で優しい印象を含んでいます。リビングルームはパステル調のピンク、やわらかなラベンダーなどの類系色相で統一。さらに柔らかなパステルブルーグリーンなどを取り入れメリハリをつけましょう。女性的なソフトフクシャのソファを中心とした、優しく穏やかな雰囲気があなたらしさを演出します。

ベッドルーム Bed Room

パステル調のパウダーブルーとパウダーピンク、スカイブルーやパープルを基調にし、全体を同系色のグラデーションや類系色相でまとめるとよいでしょう。ベッドは曲線を取り入れたクラッシックなものがおすすめ。ベッドスプレッドは淡い色づかいの花柄で「ロマンティック」にまとめましょう。

su12.　su11.　su18.

テーブル Table

やさしいブルーの濃淡で、上品で「クラシック」なテーブルを演出しましょう。カトラリーは、シルバーが基本です。ブルーでまとめたローズピンクのフラワー装飾をアクセントにして、ヨーロッパの食卓のような優雅な雰囲気でまとめます。

su9.　su8.　su19.

Brilliant Winter

interior coordinate

ブリリアントウインターのインテリアコーディネート

w9.　w23.　w25.

リビングルーム Living Room

ブリリアントウインターのインテリアイメージは「モダン」。シャープで都会的、知的で冷静、シンプルで機能的なイメージが似合います。リビングの壁は白や明るいグレーでまとめ、家具は黒や赤、紺などの強い色でコントラストをつけましょう。モノトーンの中にインパクトのあるアクセントカラーを入れることでモダンな印象を作り出すことができます。

ベッドルーム Bed Room

ベッドカバーだけを赤系にするなど、コントラストをきかせつつ、無駄のない、都会のホテルのような雰囲気にまとめた配色。無機質さをカバーするフクシャが華やかで「ドラマティック」な雰囲気を演出します。家具はスタイリッシュなものを。絵画をかけるなら抽象画がおすすめです。

w3.　w20.　w5.

テーブル Table

白、黒、青、緑を取り入れた「ダンディ」なテーブルがあなたにぴったり。イメージは都会の大人、ニューヨークのダイニング。ごてごてとした装飾や模様のない、スッキリとしたデザインの食器やカトラリーを選ぶとよいでしょう。

w16.　w11.　w6.

Bright Spring

interior coordinate

ブライトスプリングのインテリアコーディネート

リビングルーム Living Room

ブライトスプリングのインテリアイメージは「プリティ」。自由でカラフル、親しみやすくにぎやかな部屋づくりがおすすめです。リビングはクリーム色の壁に、オレンジや黄色、赤と緑などメリハリのきいた明るい色を取り入れてリズム感を出します。曲線を活かしたブライトコーラルのソファにチェックのクッションや、ポップな柄のラグマットなど、楽しい雰囲気のアイテムを取り入れてまとめましょう。

ベッドルーム Bed Room

黄色やオレンジを使った若々しく明るい雰囲気の寝室がおすすめです。ベッドやサイドテーブルは、パイン材など明るい色の木材を取り入れ「カジュアル」なスタイルでまとめ、やさしさや清潔感を演出するとよいでしょう。

sp15.　sp10.　sp4.

テーブル Table

ランチョンマットや食器は、ポップで「キュート」な組み合わせに。持ち手がプラスチック素材のカトラリーなどもにぎやかな食卓を演出してくれます。友達を招いてわいわいと食事をするような楽しい雰囲気のテーブルが似合います。

sp11.　sp23.　sp13.

Deep Autumn

interior coordinate

ディープオータムの インテリアコーディネート

リビングルーム Living Room

a3.　a12.　a13.

ディープオータムのインテリアイメージは「シック」。落ち着きと安らぎを感じさせる部屋づくりがポイントです。リビング全体はブラウン系やベージュ系を中心に類系色相でまとめ、自然の中にある色を取り入れたコーディネーションです。家具は木調のものを。クッションやソファーの生地はコーデュロイ素材などがよく似合います。またバリやインドネシアなど、アジアンテイストの演出もおすすめです。

ベッドルーム Bed Room

壁は明るいベージュ系に。インテリアには緑や茶などを取り入れます。あまりアクセントはきかせず、同系色相で「ナチュラル」にまとめるとよいでしょう。全体に統一感を持たせた、落ち着きのある雰囲気が似合います。

a14.　a2.　a6.

テーブル Table

統一感のある同系色調の家具で、全体的に落ち着いた雰囲気に。また、食器やテーブル周りの小物の装飾にさりげなくゴールドを取り入れた、「ゴージャス」であかぬけた高級感のあるテーブルコーディネートもぴったりです。

a8.　a7.　a11.

Pastel Summer

flower arrange

パステルサマーのフラワーアレンジ

su18.　su12.　su19.

パステルサマーのフラワーアレンジは、やさしく淡い色調のブルーやピンク系のグラデーションでまとめます。暖色系でアレンジする場合は、淡いピンク系で「ロマンチック」なイメージに。寒色系でアレンジする場合は、白や淡いブルー系を合わせて「シンプル」、「エレガント」にまとめます。花びらのフリルがやさしくかわいらしい雰囲気の花材を選びましょう。

su18.　su10.　su11.

flower arrange

Brilliant Winter

ブリリアントウインターのフラワーアレンジ

w1.　w13.　w5.

ブリリアントウインターのフラワーアレンジは、「モダン」、「ドラマティック」をキーワードにまとめます。モノトーンを取り入れて都会的なアレンジにする場合は、花材はステム(茎)でモダンさが演出できるシンプルなものを使い、直線的なラインを生かします。また、彩度の高い赤系で色鮮やかにまとめたアレンジもおすすめです。黒のリボンをアクセントにすると、より大胆でドラマティックに仕上がります。

w24.　w21.　w20.

Bright Spring

flower arrange

ブライトスプリングのフラワーアレンジ

sp9.　sp15.　sp10.

ブライトスプリングのフラワーアレンジは、黄色やオレンジ、サーモンピンクを中心に「キュート」、「カジュアル」といった雰囲気にまとめます。淡いオレンジ系のチューリップをコンパクトにまとめたミニブーケや、籐のバスケットに、明るい色の花をあしらった花かごもよいでしょう。愛らしい印象のラナンキュラス、ミモザなどもおすすめです。

sp16.　sp19.　sp18.

Deep Autumn

flower arrange

ディープオータムの
フラワーアレンジ

a11.　a17.　a21.

a9.　a8.　a23.

ディープオータムのフラワーアレンジは、「ゴージャス」、「ナチュラル」をキーワードにまとめます。一見シャープな印象のある花材、カラーも高級感のあるバラと合わせ、ディープオータムによく似合うオレンジ系でまとめると深みのあるゴージャスなイメージに仕上がります。また、つるで編んだかごにヒバや実もの、枝ものなどをあしらったナチュラルなアレンジもおすすめです。

→ column

おいしさを左右する食卓への色の取り入れ方

食べ物をおいしいと判断するときに、五感の中で味覚が受ける影響はわずか20％たらず。驚くことに視覚からの影響は70～80％といわれています。私たちは舌よりも目で食事をしているといってもいいほどです。ここでは色を使っておいしい食卓を演出するポイントをご紹介します。

●照明の色が食欲に影響

食べ物には暖色系の色が多いため、食卓まわりの照明には赤みや黄みの光を持った白熱灯が適しています。食関係の看板に赤や黄色が多く使われるように、暖色系の色は自律神経を刺激して消化作用を促し、空腹感を誘います。逆に青白い光の蛍光灯の下では、料理が青白く見え、おいしさを目で存分に味わうことができません。ダイニングだけでも白熱灯を利用してみてはいかがでしょう？

● おいしさを引き立てる食器の色

実は、季節の素材を生かす和食料理のおいしさをいちばん引き立てる色は黒。一見敬遠してしまいがちですが、もっとも明度が低く色味のない黒は、料理をより鮮やかに見せる効果があります。黒を多く使った素焼きや漆器などの和食器は、和食はもちろんパスタなどの洋食にもマッチします。上手に取り入れておいしい食卓を演出しましょう。

●食卓のクロスづかい

食卓の彩りは料理に大きな影響を及ぼします。とくにテーブルクロスは、主役の料理をきわだたせるためにも、強烈な色は避けた方がよいでしょう。ランチョンマットはテーブルクロスのアクセントになるように同系色でも明度でコントラストをつけたり、パステル調の黄色のテーブルクロスにパステル調のグリーンのランチョンマットというように、色相でメリハリをつけ、同じ色調（トーン）でまとめるとよいでしょう。

● 盛りつけの彩りもひと工夫

インテリアやファッションは、色を取り入れすぎるとバランスが悪くなりますが、料理の場合はできるだけ色を多く取り入れた方がおいしく見えます。一皿あたり少なくとも3色は取り入れるとよいでしょう。例えば、メインの肉にレモンやパプリカの黄色、トマトの赤、パセリやブロッコリーの緑などを組み合わせることで、食欲をそそる華やかな盛りつけになります。

Chapter 6

心を探り、心を癒すぬり絵心理テスト

あなたの心が見える、
心をみちびく7つのぬり絵。心にやさしく
語りかける色からのメッセージ

色彩心理①

ぬり絵で あなたの心を知る

思いのまま 好きな色をぬってみよう

ぬり絵をするのは久しぶり！　そんな声が聞こえてきそうですが、子どものころの気持ちを思い出してみましょう。ぬり絵を前に、どの色を選ぼうかとワクワクしたときのことや、ぬり終わったときのほっとした開放感――。一番早くなくなってしまった色、反対に最後まで残っていた色は何色でしょう。いつも気になっていた色は今も同じでしょうか。

毎日、多くの色に囲まれて生活していると、この間まで好きだと思っていた色が急にそうでもなく感じられたり、今まで何気なく見過ごしていた色が気になりだすことがあります。私たちが無意識であっても、心は敏感に色の情報をキャッチしているのです。

薄い、派手、地味、重いなど印象の違いは私たちの感情に働き、色のメッセージを伝えます。それと同時に、心の言葉を色に託し表現することも可能です。

ぬり絵を通して、心の色をさぐりましょう。どのぬり絵から始めてもかまいませんが、それぞれのページにある説明を必ず読んで、それに添って始めましょう。色鉛筆やクレヨンなどぬりやすい画材を用意してスタートです。固定観念にとらわれずに、自由な心で色をぬりましょう。

心の色

あなたの心を色で表すと何色になりますか。同じ色だけでも、多色使いでも、ぬり残した空白の部分があってもかまいません。心をうつしだす万華鏡に、色を自由自在にぬりましょう。

▶解説は119ページをご覧ください

プレゼント

家族や友人、上司や同僚など、プレゼントを渡したい相手を思い浮かべながら色をぬってみましょう。ぬり終わったら箱の下に、プレゼントする相手の名前を書き込んでください。

▶解説は120ページをご覧ください。

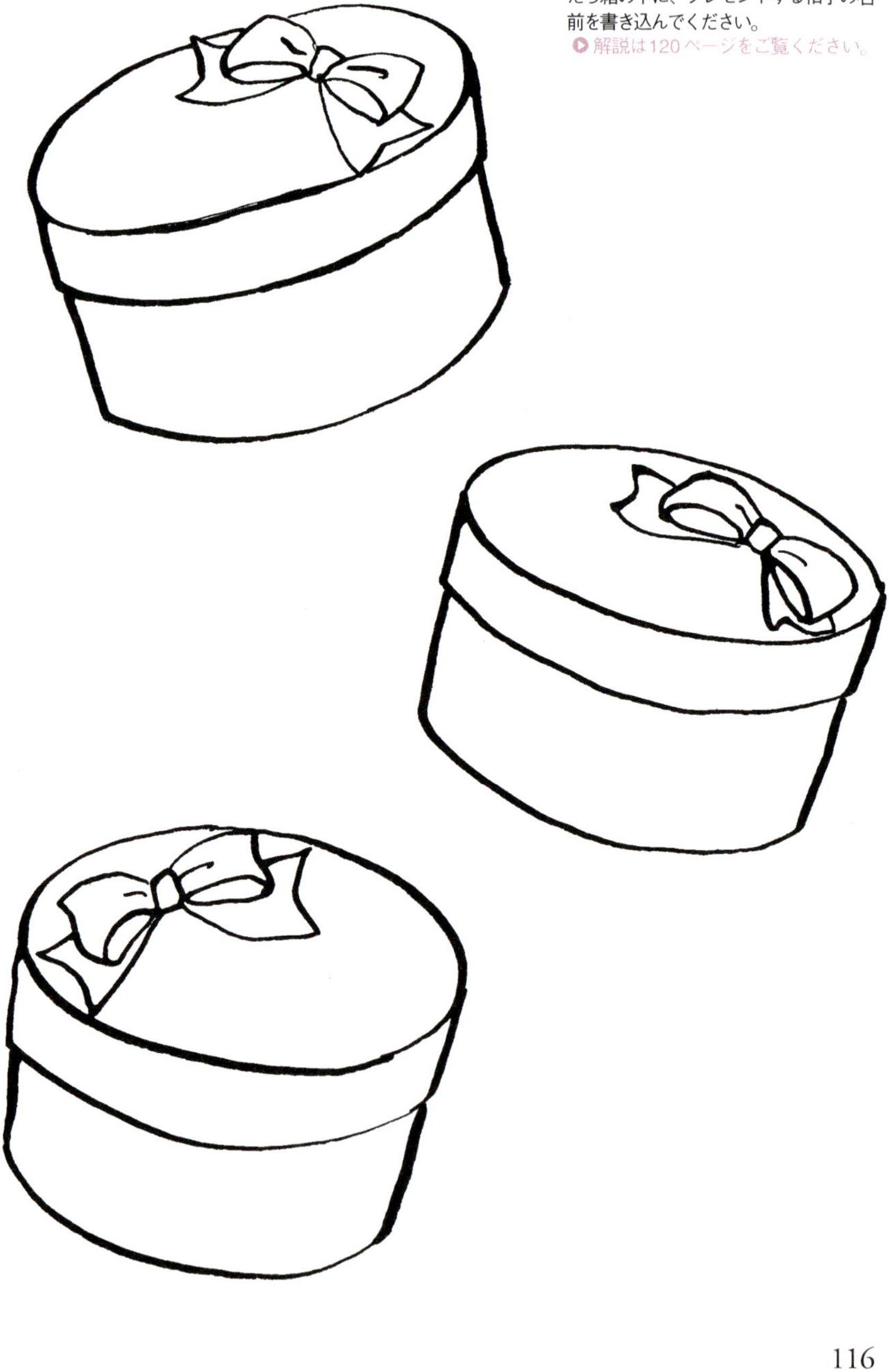

おはよう！

ベルの音で新しい一日がスタートします。仕事に対するイメージを色で表してみましょう。自由に色を選んで目覚まし時計に色をつけてください。

▶解説は121ページをご覧ください。

気球に乗って

大空に浮かんでいるのは、あなたが乗っている気球と恋人の気球。恋人募集中であれば、理想の恋人でもかまいません。どんな色をイメージしますか？

▶ 解説は122ページをご覧ください。

診断
ぬり絵からあなたの心を読みとる

パステルカラーの多色使いからは、人間関係がスムーズで毎日が楽しくてたまらない！そんな心のリズムが伝わってきます。クリエイティブな事柄への関心も強いようです。

ぬり絵「心の色」の解説

好きな色が、朝・昼・夜で同じとはかぎりません。朝は鮮やかな赤が好きだったのに、仕事を終えて、部屋でくつろいでいるときに心惹かれたのはクッションのグリーン、ということも多いのです。

私たちの心は、水の流れのように、風や雲のように、とらえどころなく変幻します。そんな心をもてあますこともあれば、反対にゆるぎない確信に満ちあふれた強い心に気づくときもあります。周りの環境や身体的条件で変化する心の動きが、選ぶ色に表れるとしたらおもしろいですね。

万華鏡にあなたがぬった色が、ブルーやピンク、薄いグリーンなどのソフトな色ならば、あなたの心は、今おだやかな幸福感に満たされているのでしょう。

濃い緑や紫、寒色系の青、青緑が中心であれば、それは自分をしっかりと見つめたいという内省的な思いの強さです。

暖色系で鮮やかな色使いが目立ったあなたは、とてもパワフル。はっきりした色でコントラストをつけた多色配色の場合も、自信を持って現実を見つめている気持ちが表れています。

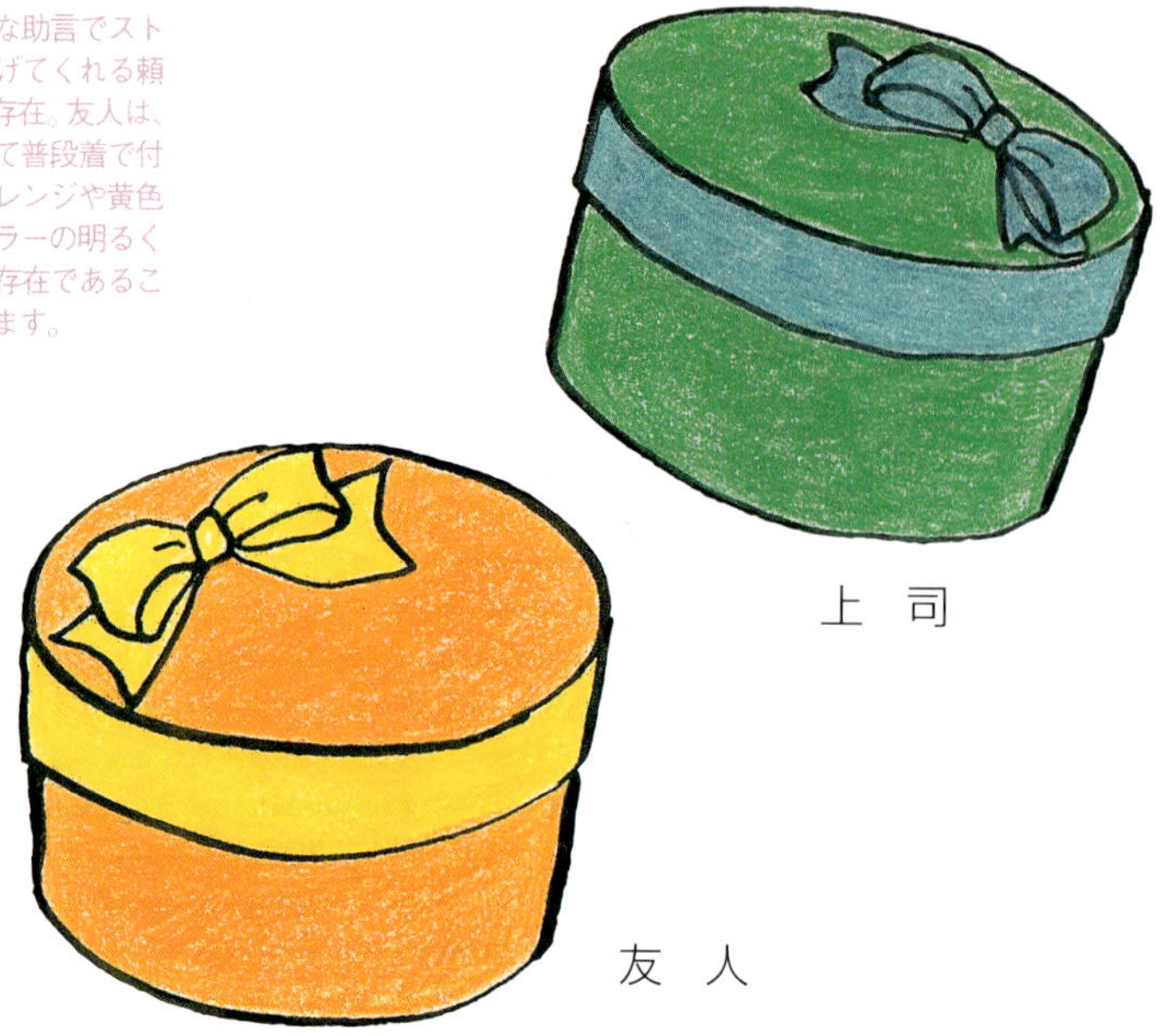

上司は、適切な助言でストレスをやわらげてくれる頼りがいのある存在。友人は、肩の力を抜いて普段着で付き合える、オレンジや黄色がイメージカラーの明るく親しみやすい存在であることを表しています。

ぬり絵「プレゼント」の解説

家庭でゆったりと構えている母親が、家庭の中心的存在かもしれませんし、すれ違うことの多い父親が、いざとなれば心強い相談相手だったりします。落ち込んだとき、なぐさめてくれる友達もふくめ、あなたのまわりの人間関係を考えてみましょう。相手のイメージが薄く灰色がかった色ばかりだと疎遠な人間関係がうかんできます。反対に鮮やかなビビットカラーであれば、はっきりした印象を相手に持っている証拠。なかでも強烈な赤は、愛情の深さやエネルギーをあらわし、青や紺、青緑では、理性的で知的、すっきりとして男性的なイメージを相手に感じているはず。ブライトカラーには、親しみやすさが表れています。爽快で涼しげなターコイズブルーは気持ちを前向きにし、コミュニケーションを促す色。赤紫のマゼンタは、華やかで甘美、高揚した心の表現色です。また、ソフトなパステルカラーには、相手への優しい思いがあふれています。

恋人や親しい友人へのプレゼントはきっと心がはずむようなカラフルな色使いになるでしょう。濃い色調や深みのある色相は上司や恩師をイメージしているのかもしれませんね。

カラフルな配色は仕事に対する前向きな気持ちの表れであるとともに、デザイナーなどのセンスを生かした職業に向いています。

ぬり絵「おはよう!」の解説

何かを組み立てる作業が好きな人には、電話を取りながらの事務は向いていないでしょうし、接客が好きな販売員に、緻密さが要求されるプログラマーの仕事は苦痛です。また感性を生かしたいと思っているアーティストやデザイナーは管理された企業人であるよりも、フリーの状態をのぞむでしょう。

仕事の種類や形態はさまざまですが、仕事を取り仕切る時計は重要です。青や青緑などの寒色系を中心に単色を選択したあなたに向いているのは、思考や集中力にすぐれた才能を発揮できるデスクワーク中心の事務職。

文字盤や細かいディテールをふくめ、ポップ調の多色配色でぬりわけたあなたに向いているのは、快活なキャラクターが生かせる営業職。まわりの人をまきこむ親近感があります。

黒やグレーに赤や紫を組み合わせたモダンさが目立つ配色は、あなたの感性の表れかもしれません。そんなあなたは、ヘアメイクアーティストや、スタイリストなどカタカナ職業へのあこがれも強いはず。自らのパーソナリティに挑戦してください。

情熱に流されるだけではなく、堅実な二人の世界を築いてゆきたいという希望が感じられます。でも冷静沈着な彼を少々ものたりなく思うときもありそう。

ぬり絵「気球に乗って」の解説

大空に浮かんでいるのはあなたと彼の気球。そこから眺める風景は格別でしょう。のどかな田園地帯が見えれば車や人が行きかう街中ものぞめます。この広い大空は二人のもの。そんな気分がしてきませんか。青空には白い雲が浮かんでいて、優しい風に乗っている二人だけの旅――。でも、ふと不安になることもありますよね。晴れの日ばかりではなく、嵐がきたらどうしようとか、彼の気球が離れてしまうのでは、といった思いにかられることもあるでしょう。

もしも今、恋人と熱い交際が続いていれば、エネルギッシュなビビッドカラーに心が惹かれるはず。オレンジやレッドカラーに、あなたの激しい思いがあふれています。

優しいパステルカラーは恋への期待を高める色。夢がふくらむ楽しい季節かもしれません。恋人へ伝えたい気持ちも多いことでしょう。また、甘えたい思いは、恋人をイメージしてぬった黄色に表れています。

落ち着いたダークカラーがメインであれば、恋の情熱は一段落。あるいは、恋人の変化を微妙に感じ取っているのかもしれません。

色の感情効果

色には計り知れないほどのパワーがひそんでいます。色ひとつひとつのパワーを十分に理解して生活に取り入れ、心を明るく健康的な方向に導いていきましょう。

色	感情効果
赤	●力強い、暖かな、エネルギー、勇敢、断定的 赤は可視光線の中で最も長い波長をもち、私たちの心臓や循環器を刺激します。赤い部屋に閉じ込められると、血圧が上昇し、ホルモンの一種であるアドレナリンの分泌が促されて、情熱を感じたり、エネルギッシュな気分になったりします。
青	●信頼、希望、落ち着き、静寂、平和、安心 青は涼しげで心を落ち着かせる色であり、深海の静けさの中で精神がなぐさめられているようなリラックスした気分になります。青は心をコントロールする鎮静効果で不眠症をやわらげます。また、ターコイズブルーは心を元気づけてくれます。
黄	●高揚、幸せ、明るい輝き、活気、楽天的 黄はあらゆる色のなかで目につきやすく、前進してくるようにも感じられる陽気で広がりのある色です。黄色の波長は脳を刺激し、運動神経も活性化させるので、消極的な気分を一掃したいときにおすすめの色です。
緑	●調和、リラクゼーション、穏やか、安全、誠実、自由、平和的 緑はストレスや情緒的なトラウマを経験しているときに欲する色。自然界のイメージと強く結びついていて、気持ちをほぐし、安心感や余裕を感じさせるとともに神経のバランスをとり、情緒を落ち着かせます。
ピンク	●優しい、幸福、育むような、親切な、穏やか、思いやり 産婦人科の看護スタッフの制服の色でもおなじみの薄いピンクは、情緒を安定させ、心を穏やかにしてくれます。少し濃いピンクは、気持ちの落胆や不安をやわらげ、心を高揚させる効果があります。
白	●平和的、冷静、清潔、奉仕、献身 すべての始まりの色として多くの人から愛されてきた白は、神聖で純粋なイメージを持ち、精神の緊張も感じさせます。他人をへだてる距離感を持つ白は、考える余裕を自由に作り出すこともできる色なのです。
黒	●神秘的、保護、不安 黒は静寂や夢幻的なものを連想させる色。光を吸収し、反射しない色が黒であり、赤や青などの有彩色を混ぜ合わせていくと限りなく黒に近づいてゆきます。心理的には、黒で自分をおおい隠したいという保護色的な意味合いがあります。
オレンジ	●楽しい、愉快な、活気、元気、ユーモラス、創造性 暖かさや豊かな収穫をイメージさせるオレンジは喜びいっぱいの色。心を自由に解き放ち、家庭的な団欒をもり上げます。自信のなさをやわらげ、精神を鼓舞してくれるオレンジは、心のビタミンカラーです。
紫	●精神的、創造的、直感的、神秘的 紫は精神に深い影響をもたらし右脳と関連して直感や想像力をかきたてる色。芸術的なものや美へのインスピレーションを高めるとともに、心のバランスをとり、創造力を刺激します。
茶	●大地、安定、安全、落ち着き、やすらぎ 茶はオレンジと同様に味覚を表す色のひとつとして、食品売場やレストランなどで使われています。大地をイメージさせる茶色は、不安定な心を落ち着かせ、くつろぎ感を与えてくれます。

色彩心理②

ぬり絵で あなたの心を癒す

色をぬって心をよい方向に コントロールしよう

楽しい、うれしい、さびしい、悲しい……。昨日は、あんなに心がウキウキしていたのに、今日は気分がなぜかユーウツ。もしも、普段なら気にもとめないことでブルーな気分になるのなら、それは心が硬くなっている証拠。肩の力を抜いてウォーミングアップをはじめましょう。

色には心を解きほぐし、明るくする効果があります。それはファッションでも実証済み。たとえば、ピンクの洋服と地味なグレーの洋服を着た人の場合、どちらが明るい性格の人だと思いますか？　顔の表情は別にして、ピンクの人と答える人が圧倒的に多いはずです。

私たちは、無意識に受け取る色の情報に左右されています。仕事ができるのに目立たない、真面目なのにいい加減な人と思われている状況も、色による影響が大！　自分らしさをアピールするための色使いとともに、心をほぐすために色をもっと活用しましょう。

疲れた心には緑を。エネルギー不足には赤のパワー。落ち込んだ気分には、明るく楽しい色使いが効果を発揮します。さあ、クレヨン、色えんぴつなど、あなたの好きな画材を手にとって、ぬり絵をはじめましょう。ぬりすすめるうちに、心が浄化されて少しずつ変わっていくのがわかりますよ。

草原の風景

**気分が落ち込んでいるときに
心を楽にするぬり絵**

青空に浮かぶ白い雲、明るい陽ざしのなかで花が咲きみだれています。季節は春。草原のみどりも生き生きと輝いているようです。パステルカラーでぬりましょう。

ハート

**やる気がでないときに
パワーをプラスするぬり絵**

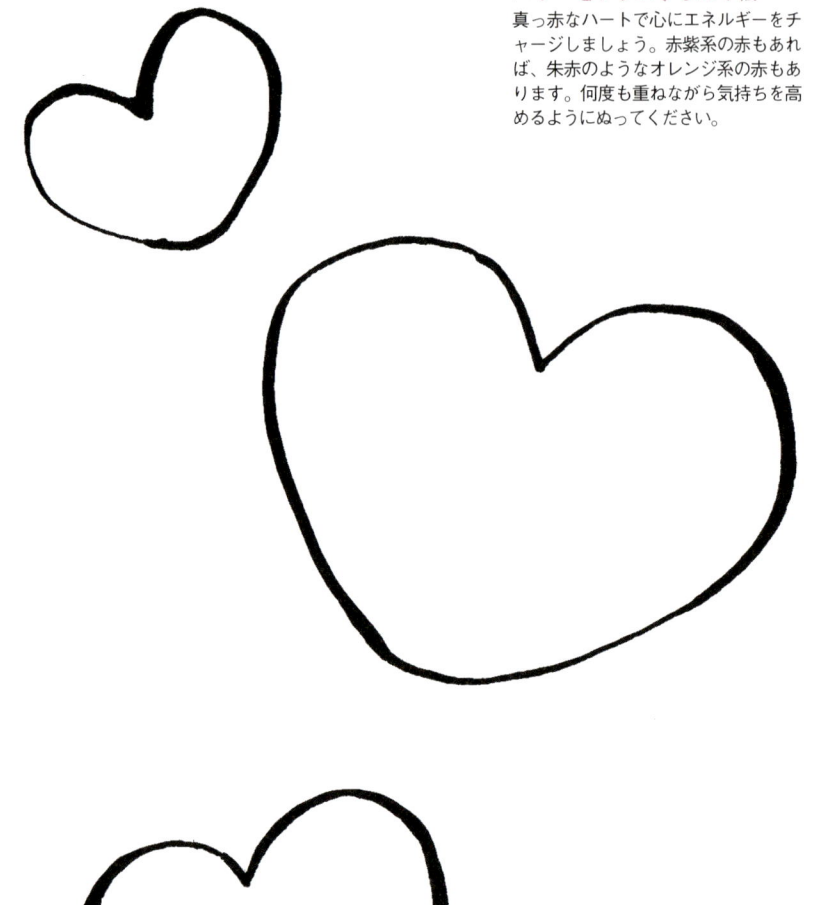

真っ赤なハートで心にエネルギーをチャージしましょう。赤紫系の赤もあれば、朱赤のようなオレンジ系の赤もあります。何度も重ねながら気持ちを高めるようにぬってください。

木

イライラしているときに
気持ちをやわらげるぬり絵

大きな幹はどっしりと大地に根をおろしていて、風が吹いても大丈夫。黄緑から深緑まで、さまざまなグリーンのグラデーションを楽しむように、木の形を自由に考えて紙いっぱいにぬりましょう。

column

好きな色でわかる性格

色は心を映す鏡。どの色を好むかということで、その人の性格や心理状態を知ることができます。心のままに好きな色を選んで、色からのメッセージを受けとりましょう。

赤が好きな人

決断力と行動力に優れた男性的な性格の人が多いようです。目標にそって、成功と勝利を目指して前進するパワーの持ち主です。

白が好きな人

純粋、素直、誠実な性格で、誰からも好かれる人が多いのですが、その反面、自己主張に欠ける面も見られます。

青が好きな人

理性的で誠実な性格の持ち主が多いようです。冷静沈着で規律正しく、決められた枠から離れるのを嫌う傾向もありますが、安定感があります。

黒が好きな人

強制や制約に対する反発心が強く、自立心が旺盛。生活力を持った自由な人が多いようです。

黄が好きな人

活動的で楽しいことを求め、春の花のように軽快な輝きを放つ天真爛漫な人が多いようです。周囲をまきこむ明るさが身上です。

オレンジが好きな人

陽気で開放的、外向的な人が多いようです。また、何ものにも縛られたくないという心の解放を願う心理状態にあります。

緑が好きな人

確実性を求め、危険や争いを嫌う平和主義者。周囲を気づかう、たおやかで優しい心の持ち主でもあります。

紫が好きな人

感情がとても豊かな反面、相反する二つの存在にゆれるナルシストが多いよう。直感力にも優れています。

ピンクが好きな人

甘くやさしい気持ちにあふれていて、心が満ち足りた状態と言えます。協調性があり、何にでも臨機応変に対応できる柔軟性があります。

茶が好きな人

保守的で革命を求めるタイプではありません。冒険心に欠ける面もありますが、慎重な判断力は安定した日々を約束してくれます。

7

Chapter

幅広く活躍する色表現のプロカラリストの仕事

カラーコンサルティング、商品企画、
建築物・街の色彩計画など……。
広がりつづけるカラリストの
仕事のフィールド

さまざまなシーンで求められるカラリストの仕事

短いようで長い、日本のカラリストの歴史

ヨーロッパでは、色に対する教育を子どもが小さい頃から自然に行っていることも多く、インテリアやファッション、フラワーアレンジの仕事をするうえでも、当然のように色の知識をいかしています。近年日本でも、カラリスト、カラーコーディネーターという名称をよく耳にするようになりました。

　こうした色にかかわる職業がいつ日本に生まれたのかというと、それは１９８０年頃にさかのぼります。アメリカで、大統領選に勝つために色でイメージアップを図った最初の人が、ケネディ大統領だと言われています。多民族国家であるため、自分を表現しないとなかなか存在をアピールできないという歴史的背景から、アメリカでは「色」というものに次第に関心が集まるようになっていったのです。こうした考え方が徐々に広がり、１９８０年頃、ちょうど色の重要性に目覚め始めた日本にもその考えが伝わってきたのです。

　とはいえ、実際に日本の歴史を紐解いていくと、そこには日本のカラリストの原型とも言えるような、美しい色彩感覚を見て取ることができます。平安時代に宮中の女性たちが身にまとった十二単は、色を重ねて着る配色美が大きな特徴でした。それは、〝襲《かさね》の色目《いろめ》〟と呼ばれ、豊かな自然の変化を目や肌で感じ取って色で表現していくもので、この知識は貴族の衣装

「自分色」診断のためのツール

●パーソナルカラーパネル
パーソナルカラー120色がひと目で分かる布を貼ったパネル。パーソナルカラーコンサルティング等で色の特徴を説明する際に使用します。

●スウォッチ
各シーズンごとの代表的なパーソナルカラー30色が手帳タイプのケースに入った布見本帳。ショッピングの色選びに便利。

を考える上でなくてはならないものでした。また、江戸時代には、わび、さびにも通じるシックな色の世界が花開きました。庶民の贅沢を禁止する奢侈《しゃし》禁止令が出され、茶色やねずみ色といった限られた地味な色のみ、着用が許された厳しい制約の中でも、人々は色へのこだわりを捨てませんでした。そして、生まれたのが、48種類の茶色、１００種類のねずみ色である〝四十八茶百鼠〟。昔の日本人は、限られた色の中だけでも、これほど多くの種類を作り出し、微妙な色合いを楽しんでいたのです。

このような過去を考えると、カラリストという仕事の歴史は短いものの、もともと日本人は色に対して非常に優れた感覚を持ち、生活の中に上手に取り入れてきた民族だと言えるのではないでしょうか。

徐々に高まってきたカラリストへの認知度

70年代は〝十人一色時代〟と呼ばれ、当時、この色が流行ると言われれば、みんなその色に染まっていました。流行色がピンクであれば、道行く人がみなピンクの洋服を着る、ミニスカートが流行れば、ロングスカートは恥ずかしいといった風潮さえありました。

それが、80年代になって、〝十人十色時代〟へと移行します。それぞれ自分に似合う色があるのだから、自分の色を持つことが必要なのだと認識するようになったのです。それがちょうど20年前、日本でカラリストという仕事が生まれた時代なのです。

●テストカラードレープ
パーソナルカラーコンサルティングのためのテストカラードレープ。28色で構成。

●アンダートーンカラーカード
カラーアンダートーンシステム®（CUS）に基づいて、ブルーとイエローのアンダートーン別に分類されたカード。

私が色の仕事を始めたのも、ちょうどその頃ですが、当時はカラリストと書かれた名刺を出しても、「カラリストって何?」というところから話が始まったものです。仕事を始めるにあたっては、まず、カラリストという仕事の説明をしなくてはならなかったのです。ところが最近では、名刺を出すと、「あっ、色の仕事ですね」と、素早い反応が返ってくるようになりました。この15年で、カラリストに関する認知が、非常に進んだと言えるでしょう。

そして現在はというと、〝一人十色時代〟。色に、非常にこだわる人が増えてきました。例えば、ピンクといっても、単純にその色を着るのではなく、自分にとって似合うピンクを着たいというように意識が変わってきたのです。自分にはサーモンピンクが似合うのか、それともビビッドなピンクや青みがかったピンクの方が似合うのか……、という分析をしてから、セレクトするようになりました。大好きな色が一色だけではなく、自分が持つアイテムごとに、車ならこの色、手帳ならこの色というように、こだわりの色を一人十色持つようになった、というのが今の時代なのです。

色の付加価値が求められる今、活躍の場は無限大

企業は様々な工夫や努力をして、商品を売らなければなりません。成熟社会を迎えた今の日本では、おいしいレストランはあちこちにあり、家電製品も洋服も似たような品質のものが溢れています。では、どのようにしてほかの店や商品と差別化し、人を惹きつければよいのでしょうか。それには、

●カラーアレンジチャート

色彩の基礎、配色、回転盤で色のシステムを理解するチャート。カラーアンダートーンシステムⓇ（CUS）もわかりやすく解説。

●カラーガイド

パーソナルカラーコンサルティングのときにお客様の髪・瞳・肌・頬・唇の色を分析するために使う。

やはり、〝見た目〟という付加価値が必要不可欠なのです。

色が視覚に訴える影響力は実に80％もあり、目を通しての訴求効果がもっとも高いと言われています。多くの人々がこだわりの色を持つようになり、かつ、付加価値が求められる時代だからこそ、五感の中でも一番の影響力がある「視覚＝色」というものに対する期待が、さらに高まってきているのです。また、色には見た目を飾るだけでなく、心に影響を与えるという特徴もあります。きれいな色を見れば心がなごみ、やさしい色合いに包まれればくつろいだ気分になります。心をホッとなごませる色は、今後もさらに求められてくることでしょう。

このように、色の効果が認められ、色への関心が高まれば高まるほど、カラリストの仕事は多岐にわたります。その仕事の内容を大きく分けると、人の持つ美しさを最大限に引き出す「パーソナルカラリスト」、商品企画や建築に色を活かす「トータルカラリスト」、目的に合わせたフラワーアレンジを作る「フローラルカラリスト」、そして、色で人の心を癒す「カラーセラピスト」が挙げられます。

次は、この4つの仕事の具体的な内容についてお話ししましょう。

※商品についてはP.143をご参照ください。

自分色探しをサポートするパーソナルカラリスト

美しさを追求する――この気持ちが何よりも大切

現在、カラリストの4つの仕事の中でも、目標にしている人がもっとも多いのが、この「パーソナルカラリスト」という仕事です。以前は、自分自身をきれいに見せたいという動機から、色を学び始める人がほとんどでしたが、今は自分の似合う色を知ったことで、さらにそれをほかの人にも広めていきたいという思いから、この仕事を目指す人が増えてきたようです。

パーソナルカラリストは、人を美しく見せるのが仕事ですから、ファッションに興味があること、そして何より、その人を美しくしてあげたいという気持ちを持っている人が向いていると言えるでしょう。

仕事の内容は、主に、お客様と1対1で、カラーコンサルティングを行うこと。シーズンカラーのドレープをあてて、お客様の「自分色」を診断し、ファッションやメイクアップ、アクセサリーなどの小物からヘアカラーに至るまで、より美しく見せるためのトータルアドバイスをしていきます。

こういったフリーランスの仕事以外でも、ファッションや美容業界でカラーアドバイザーとして活躍することもできます。

また、自分に似合う色を知りたいという人が非常に多いため、ホテルや結婚式場などで開催する「自分色診断」は、とても集客率が高いイベントです。こういったカラー診断のイベントは、今後もさらに需要が高まるでしょう。

ブルーアンダートーン、イエローアンダートーンのカラーガイドを当て、髪、瞳、肌、唇の色がどちらに近いかをチェックします。

ブルーアンダートーンと、イエローアンダートーンのドレープを交互にあて、どちらに調和するかを判断します。

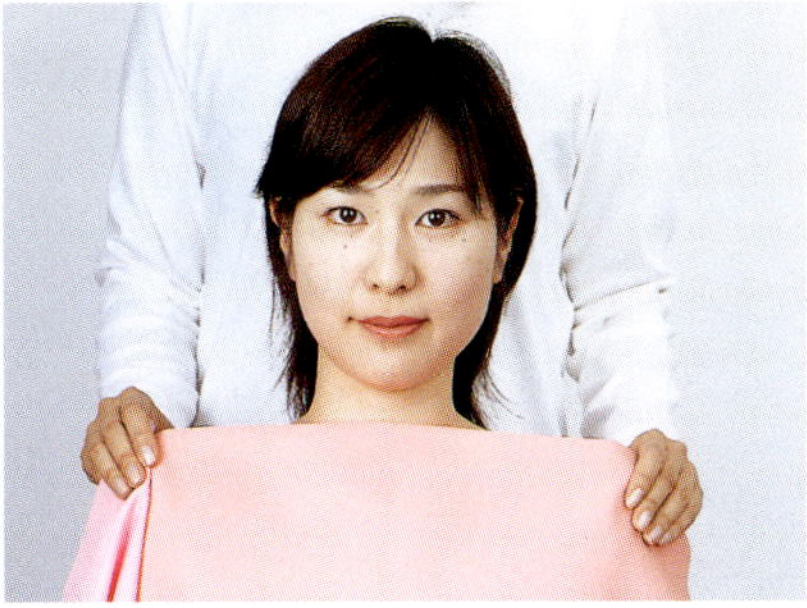

仕事の場所はまさに、自分のアイデア次第。自分のスタジオを持ったり、近所の人を集めて自宅でカラー診断を行ったり、また、自治体などで活躍する人もいます。つまり、パーソナルカラリストというのは、色に対する確かな知識とツールさえ持っていれば、どこにいてもできる仕事なのです。

実際の仕事場

●フリーランスとなり、自宅などでカラー診断を行う
●ファッションや美容業界に入り、カラーアドバイザーとして働く

お客様のアンダートーンに合わせて、パーソナルカラーの説明やコーディネートのアドバイスを行います。
似合うメイクやファッション小物についても説明します。

施設の色彩計画や商品企画に携わるトータルカラリスト

色の調和や色彩心理を活かし、快適な空間作りを

トータルカラリストとは、建物の外装や内装の色を決定したり、物を作る前段階の商品企画に加わることで、建築物や商品に色を活かしていく仕事です。建築関係でいえば、今は、色が心に与える影響は大きいということへの認知がかなり進んでいるため、心が落ち着く、くつろげるといった雰囲気を特に必要とする、病院や高齢者施設などの仕事が非常に増えてきています。

仕事の手順を簡単に説明すると、まず、気候条件や歴史的背景を調べ、その後、建設予定地周辺の街の色を測色し分析して、周囲と調和の取れる外壁の色を決めていきます。次に、色彩心理を十分に考慮してインテリアの色を決め、家具や小物、そこで働く人のウェアや患者さんの使う食器などの色を選択していきます。

こうした色の仕事は1つ決めたら、それで終わりというものではありません。パンフレットや看板、マークの色などを含めて仕事をすることが、まさにトータルカラリストという仕事なのです。

商品企画においても、今は色で物を売る時代。高級志向でいくのか、量販店向けでいくのか、また、利用者の年齢層が10代なのか30代なのかによっても、使う色はずいぶんと違ってきます。安い素材を使っても、色合わせ次第では美しく高級感を出すこともできるので、トータルカラリストが活躍

介護老人ホームベルサンテの外観を南欧風のイメージでプロデュース。ロゴなどのサイン計画も行います。

できる場面は多々あります。

建築や商品企画など、それぞれの仕事においては、企画書やプレゼンテーションボードなど、いかに色を表現し、提案していくのかという伝達方法を身につけることも、非常に大切なポイントになってきます。

すでに、建築やインテリア、グラフィックの仕事に従事している人、また、人物よりも住宅や物の色のほうに興味を持っている人が、トータルカラリストに向いていると言えるでしょう。

実際の仕事場

●住宅やインテリアなど、建築関係で働く
●インテリアやプロダクトなどのメーカーで、商品企画をする
●パンフレットやチラシなどのグラフィックデザインをする

ベルサンテの浴室の色彩計画。心にやすらぎを与える色調。

イメージどおりの色を花で表現するフローラルカラリスト

贈る人、贈られる人の心を大切にする

以前のフラワーショップは、花を商品として扱うだけで、単純に〝物を売っている〟というスタイルが一般的でした。しかし、近年においては、物としてではなく、花は〝色で〟売るという意識が、とても大切になってきています。

花を贈るということは、自分自身のセンスを贈るということ。そして、そのセンスというのは、色合わせに尽きるのではないでしょうか。どこのフラワーショップでも、カーネーションやチューリップ、バラはあるけれど、どういう花を組み合わせているのか、ラッピングペーパーやリボンなどはどんな色のものを使用しているかによって、イメージはずいぶんと違ってきます。

花には暖色系が多く、青系の色は少ないので、その偏った色調をラッピングペーパーやリボンなどの資材で補うことが必要になってきます。

センスのいいフラワーショップは、電話1本で仕事をすることができます。お客様から贈る目的や贈りたい相手のイメージを聞くだけで、フラワーアレンジメントのイメージが自分の頭の中に作れるからです。

また、お客様にアンケートをとり、贈る目的やこんなイメージの花束を作ってほしいということが明確に分かるようにすることも、お客様のイメージどおりのアレンジメントを作るうえで、効果的な方法のひとつだと言えます。

ブライダルブーケや花束、コサージュなど、どのようなフラワーアレンジ

ホテルのエントランスに設置するフラワーデザインのプロデュース。

メントにしても、アレンジの目的を明確にしてから配色イメージとアンダートーンを決め、使用色を絞り込んでから実際の形を作っていくという流れがあります。フローラルカラリストにとって、お客様の心を汲み取る、という力が仕事の成功を左右するカギとなってくるのです。

実際の仕事場

- ●フラワーショップやガーデニングショップで働く
- ●フラワー教室の講師として働く

フローラルカラリストが活躍するデザインの現場。場所、イメージに合ったフラワーアレンジを行います。

色を使って心の本質を読むカラーセラピスト

色の力で心の中の無意識の世界に近づく

色は、人の心を左右する大きな力を持っています。あるお年寄りが、口では「大丈夫だから心配しないで」と言っているのに、実際にカラーセラピーを行ったところ、「本当はさびしくて、いつも不安な気持ちを抱いている」というような、まったく逆の診断結果が出たことがありました。このように、カラーセラピーでは言葉では表せないその人の本音や本質を、色で見極めることができるのです。

カラーセラピーというのは、色が持っている感情効果や心理的効果を利用して、相談者の心の底に隠されている心理を読み取り、心の安定をはかる方法です。実際には、オリジナルのカラーＭＹＭシステムで「好きな色」を分析し、心理状態を診断していきます。元気でハツラツとしているとき、反対にどんよりと落ち込んでいるときは、色の見え方がまったく異なるので、この無意識の色使いの中から、相談者の心の変化を汲み取るのです。

カラーセラピストは、色彩ボランティアとして活動している人が多く、主に、子供や高齢者の施設がその仕事場となっています。親子で同じぬり絵をしてもらって、母親や子供の心理状態についてアドバイスしたり、痴呆症のお年寄りと色でコミュニケーションをとって心の解放を促したり、介護者に接し方をアドバイスすることもあります。

心の充足感を求めている人が多い今の世の中で、色で人のためになりた

MYM（Make Your Mind）チャートで、好きな色を分析。色と心理の関係をさぐり、相談者の「こころ」に寄り添い気持ちをサポートします。

い、社会に貢献したいと思う人が、カラーセラピストとして向いているでしょう。

また、色には香りを連想させるなどの効果があり、五感のひとつである嗅覚とも密接な関連があります。そこで、近年では、この色と香りの両面から診断をして心を癒すカラーセラピーにも、大きな注目が集まってきています。

実際の仕事場

●子供や高齢者の施設で、色彩ボランティアとして働く
●幼稚園や学校などで、カラーセラピーの力を活かす

高齢者の心理や子供の発達心理などの知識を習得し、カラーセラピストとしてアドバイスを行います。

色を学び、色彩のプロになる

▶3つのポイントをおさえて、色の仕事の世界へ

一人十色時代と言われる今日では、自分色診断を行うパーソナルカラリストの仕事が求められています。そうした中で活躍の幅を広げるさまざまな色の仕事についてお話ししましたが、こうしたプロを目指すためには大きく3つのポイントが必要になります。

まず第1には、色彩理論の習得です。色相、明度、彩度、またカラーアンダートーンシステム®(cus)による色味度の違いを十分に理解していること。第2には、それらの理論を表現する技術を持つこと。技術とは、企画書やボードなどでビジュアル的な表現ができること、カラーアンダートーンシステム®(cus)に基づくテストカラーの選定がスムーズであることなどです。

そして、第3には、色の仕事のツールを持つことです。カラーカードやカラーアレンジチャート、また自分色診断をするためのチェックシート、ドレープ、お客様に渡す似合う色が30色入ったスウォッチなどです。

「理論」「技術」「ツール」これら3つのポイントをおさえれば、色の仕事はよりスムーズに、そして説得力を持ちます。色に興味がある、色を仕事にしたい、色を今現在の仕事に生かしたいという人は、ぜひカラリストの世界へ挑戦してみてください。

環境色彩・ファッション・インテリア・色彩心理
カラリストスクール・ワムI.C.I

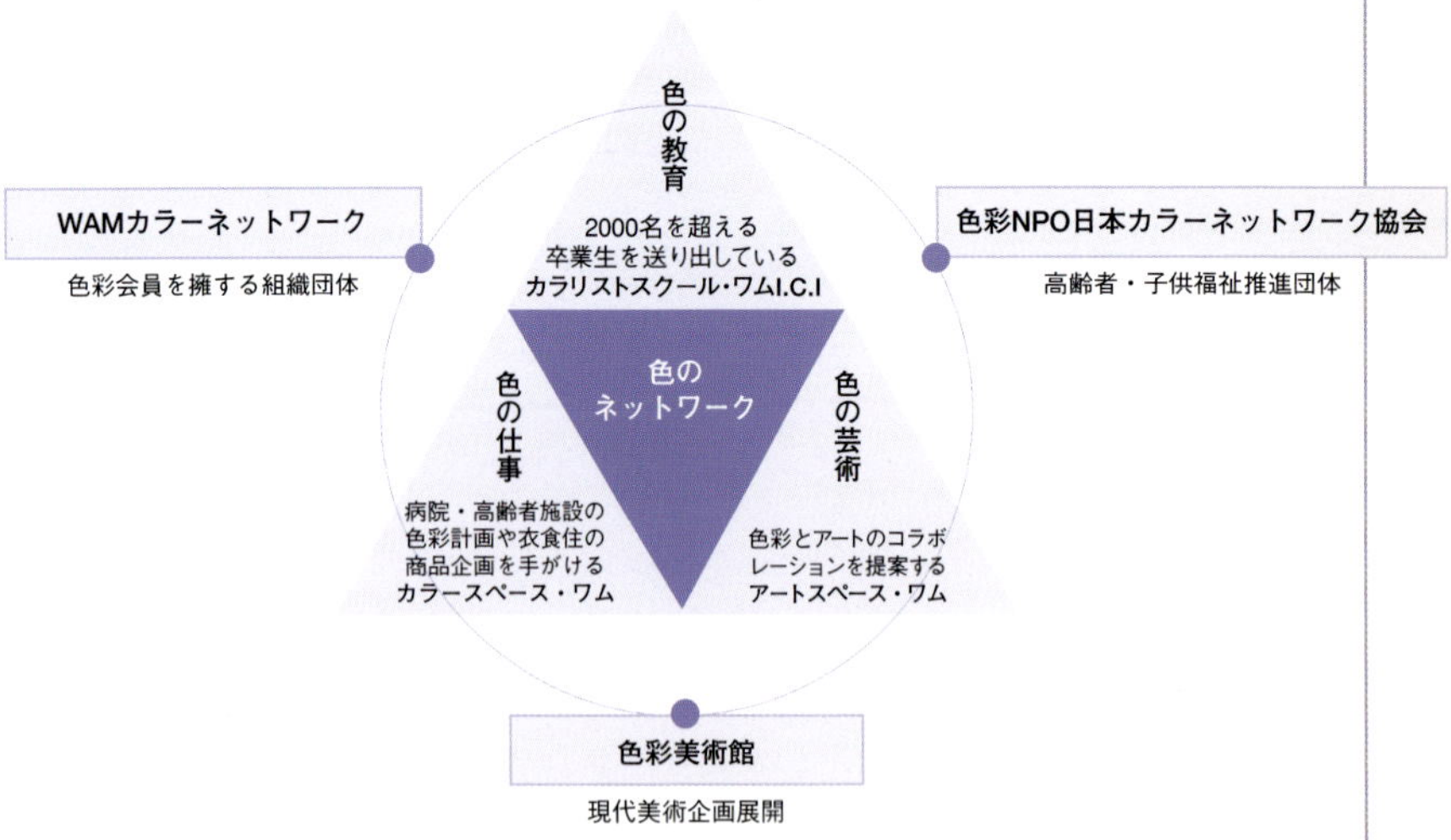

information

カラリストスクール・ワムI.C.I

カラリストスクール・ワムI.C.Iは色彩のプロを養成する専門校です。色彩現場のノウハウと最新情報を提供し、本格的なプロを目指す方への実践的な教育をしています。現在、2000名を超える卒業生が各分野で活躍しています。

卒業生にエールを送る
ヨシタミチコ校長。

卒業式の風景。

恩師を囲んで。
カラリストの卵たち。

●パーソナルカラリストコース

色彩の知識をファッションの分野に活かしていきたいと考えている方のためのコース。カラーアンダートーンシステム®(cus) でカラーコンサルティングの技法を身につける。

●トータルカラリストコース

色彩の知識を、商品、インテリアをはじめとした建築、環境計画に活かしていきたいと考えている方のためのコース。

●フローラルカラリストコース

色彩の知識をフラワーの世界に活かしていきたいと考えている方のためのコース。ブライダル企画提案から、アレンジにいたるまでの実践的なノウハウを身につける。

●色彩心理・カラーセラピストコース

カラーセラピストとして活躍していきたい方、色彩心理を実際の生活の中で活かしたいと考えている方のためのコース。セラピストとして活躍するためのテクニックを学んでいきます。

●色彩に関する検定コース

２級検定合格のための知識を習得し、専攻分野（インテリア、環境色彩、ファッション色彩、フラワー色彩のどれか）を選択するカリキュラム。

●短期集中リファインコース

短期間で集中して習得したい方のための少人数制コース。

●通信教育コース

通信添削を中心としたコース。

＜ライセンス＞

各コースとも、全課程修了者にワムI.C.I発行のカラリストまたはカラーセラピストのライセンスを授与しています。

＜ワムインターン制度、ワム認定講師、独立支援、就職・転職相談＞

「WAMインターン制度」で、インターン登録者は、WAM認定講師のアシスタントとして「色の仕事」の現場を体験することができます。また、講師試験合格者は「WAM認定講師」として活躍の場が広がります。その他、卒業生をバックアップするための独立支援、就職、転職相談室があります。

▶p28、p131～133の商品、スクールに関するお問い合わせ

カラリストスクール・ワムI.C.I事務局
〒150-0001
東京都渋谷区神宮前6-25-8
電話 03-3406-9181
FAX 03-3406-9182
フリーダイヤル
0120-086-863
ホームページ
http://www.color-space-wam.co.jp
メールアドレス
wam@color-space-wam.co.jp

あなたの“きれい”は配色で決まる

自分色表現事典

2004年9月10日　初版第１刷発行

著者　ヨシタミチコ
発行人　深澤健一
発行所　株式会社　祥伝社《しょうでんしゃ》
〒101-8701 東京都千代田区神田神保町3-6-5
☎03-3265-2310（編集部）
☎03-3265-2081（販売部）
☎03-3265-3622（業務部）
祥伝社のホームページ　http://www.shodensha.co.jp

印刷・製本　大日本印刷株式会社

製本には十分注意しておりますが、万一、落丁、乱丁などの
不良品がございましたら「業務部」あてにお送りください。
送料小社負担にてお取り替えいたします。

本書の一部、または全部を無断で複写・転載することを禁じます。

定価はカバーに表示してあります。

Printed in Japan. ©2004 Michiko Yoshita

ISBN4-396-41061-1 C0077

●ご意見、ご感想をお聞かせください。
今後の企画の参考にさせていただきます。ご住所、お電話番号、お名前、ご職業をお書きの上、Eメール、ハガキ、またはFAXで下記までお送りください。いただいたご意見、ご感想は、新聞や雑誌を通して紹介させていただくことがあります。採用の場合には特製図書カードを差し上げます。

〒101-8701
東京都千代田区神田神保町3-6-5
祥伝社書籍出版部「ノンライブ」編集長　伊丹眞

E-MAIL　itami@shodensha.co.jp
FAX　03-3265-2025

イラスト
毛利みき
吉野理恵
あくつじゅんこ

フラワーアレンジ
細田美雪

撮影
根岸亮輔

写真提供
オリオンプレス
ネオビジョン

装幀・本文デザイン
オムデザイン　工藤亜矢子

編集協力
株式会社アートスペース・ワム
堤　弘子
小畑奈津子
カラリストスクール・ワムI.C.I WAM認定講師
小木ゆみこ
平良木　節

編集
株式会社 宮下徳延事務所
勝見雅江
氏家美穂